目　　次

シリーズ刊行によせて

プロローグ　保健医療サービスを学ぶ………………………………………… *1*

保健医療サービスを学ぶ意義…*1*　保健医療サービスの構成要素
…*2*　医療ソーシャルワークとは…*3*　本書の学び方…*4*

第Ⅰ部　生活を守る理念としくみ

第1章　医療保障………………………………………… 8

1　医療保障とは………………………………………………… 9

医療保障の変遷と発展…*9*　社会保障制度の機能と役割…*10*

2　医療費と財源………………………………………………… *12*

国民医療費…*12*　医療保険制度…*15*　医療保険制度改革の推進
…*16*

3　医療保険と公費負担医療制度………………………………… *17*

私たちの生活と社会保険…*17*　医療保険と国民皆保険…*18*　被用
者保険と国民健康保険…*19*　後期高齢者医療制度…*20*　現物給付
と現金給付…*20*　高額療養費…*20*　附加給付…*21*　公費負担医療
制度…*21*

4　介護保険制度との関係………………………………………… *22*

社会的入院と公的介護保険…*22*　介護保険制度の対象…*23*　要介
護認定…*24*　サービスの利用…*24*　居宅サービスと施設サービス,
地域密着型サービス…*25*　介護報酬…*26*　高額介護サービス費
…*26*

iii

第2章　診療報酬制度 28

1 社会保険診療報酬のしくみ 28

保険診療のしくみ…28　診療報酬…30　診療報酬点数表…31　薬価基準…33　出来高払い…34　包括払い…35　審査支払制度…37

2 診療報酬と専門職 38

診療報酬が規定する専門職の機能…38　医療ソーシャルワーカーの役割と社会福祉士…39　社会福祉士の配置と診療報酬…39　病院の機能分化と退院支援…40　退院支援と診療報酬…40　退院支援における院内と院外との「連携」…41　退院支援にかかわる社会福祉士…42　精神保健福祉士の配置と診療報酬…43

第3章　保健医療サービス 46

1 保健医療サービスとは何か 46

保健医療サービス…46　保健医療サービスの目標…47　キュアからケアへ…47　ケアとケアリング…48　保健医療サービスをめぐる現状と展望…50

2 保健医療サービスのあゆみ 50

医療法…50　国民皆保険制度…51　介護保険制度…51　保健医療政策…51　プログラム法と医療介護総合確保推進法…52　総合確保方針と地域医療介護総合確保基金…52　保健医療2035提言集…53　市民参画…53

3 医療供給体制 54

地域医療構想の策定と医療機能の分化・連携の推進…54　医療および介護の総合的な確保の意義…54　在宅医療の必要性…55　医療提供施設の類型…56　療養病床とは…57　介護保険施設…59

4 保健医療サービスにおける専門職 60

医療専門職と社会福祉専門職…60　医療専門職…60　社会福祉専門職…60

目　次

第4章　保健医療サービスにおける多職種連携……64

1　保健医療サービスと IPW・IPE………………………………64

保健医療分野におけるパラダイムシフト…64　IPW の形態…65
IPE と VBP（価値に基づく実践）…66

2　地域連携パスにおける IPW………………………………67

クリティカルパスと地域連携パス…68　地域連携パスの例——認
知症ケアパス…69

3　地域連携とソーシャルワーク…70

第5章　医療現場における権利擁護……………73

1　患者とその家族に対する権利擁護………………………74

患者の権利擁護をとらえる視点…74　権利侵害の概念…74　患者
に対する権利侵害とその対応…75

2　インフォームドコンセントを用いた権利擁護………………76

インフォームドコンセントとは…76　医療ソーシャルワークとイ
ンフォームドコンセント…77　意思が明確に示せない患者に対す
るインフォームドコンセント…77

3　成年後見制度と医療ソーシャルワーク……………………78

成年後見制度について…78　医療における成年後見制度の活用
…80

第II部　保健医療機関におけるソーシャルワーク

第6章　医療ソーシャルワークとは何か………84

1　医療ソーシャルワークとは………………………………85

保健医療サービスの目的…85　医療ソーシャルワーク業務とは
…86　支援方法「介入」の視点…86　医療ソーシャルワークの理
論的背景…87　医療ソーシャルワークの定義…87　患者の生活の
しづらさとその本質…88　医療システムと患者…89

v

2 医療ソーシャルワークの機能 ……………………………………… *90*

3 医療ソーシャルワーカーの業務指針 ……………………………… *90*

医療社会事業史と医療の社会性…*90* 業務指針のあゆみ…*91* 医療福祉の本質…*94*

第7章 医療ソーシャルワークのあゆみ ………………… *97*

1 イギリス・アメリカにおける医療ソーシャルワークの起源 ……… *98*

イギリスのアルモナー（Almoner）の誕生…*98* キャボットによるアメリカの医療ソーシャルワークの誕生…*99*

2 わが国の医療ソーシャルワークのあゆみ ………………………… *100*

日本の医療ソーシャルワークの誕生…*100* 3か国の医療ソーシャルワークの誕生の共通点と相違点…*101* 日本の医療ソーシャルワークの変遷…*102*

第8章 医療ソーシャルワークの価値と倫理 ………… *105*

1 医療ソーシャルワークの価値 ……………………………………… *105*

ソーシャルワーク実践の共通基盤と価値…*105* ソーシャルワークの価値と生命倫理…*106* 究極的な価値と手段としての価値…*107* 内在的価値体系と外在的文化的価値体系…*107* ソーシャルワークの価値とソーシャルワークのグローバル定義…*109*

2 医療ソーシャルワークと倫理綱領 ………………………………… *110*

ソーシャルワーク倫理の必要性…*110* 専門職団体とわが国の医療ソーシャルワーカー倫理綱領…*110* 倫理的な意思決定に伴う困難…*111* 倫理的意思決定が困難なときの対処方法──生態学的・エコシステム思考の活用…*113* 倫理的実践の環境づくり…*114*

第9章 医療ソーシャルワークの専門知識 …………… *117*

1 医療ソーシャルワークにおける専門的知識 ……………………… *117*

ソーシャルワーカーがもつべき知識…*117* 医療ソーシャルワー

目　次

カーがもつべき専門知識…*118*　医療ソーシャルワーカーと医学
的知識…*118*

2　医療ソーシャルワーク教育……………………………………………*119*

医療ソーシャルワーク教育と社会福祉士資格…*120*　ソーシャル
ワークにおけるコンピテンシー…*120*

3　現任者教育……………………………………………………………*121*

認定社会福祉士認証・認定機構による認定社会福祉士制度…*121*
実習指導者講習会…*122*　日本医療社会福祉協会等の研修体系
…*123*　都道府県の医療ソーシャルワーカー職能団体による研修
…*123*　教育機関と実践現場の連携としてのリカレント教育…*124*
医療ソーシャルワーカーとして学び続ける意義…*124*

第10章　医療ソーシャルワークの専門的技術…………*127*

1　医療ソーシャルワークに必要とされる専門的技術………………*127*

医療ソーシャルワークの専門的技術の構造…*127*　医療ソーシャ
ルワークの専門的技術としての介入…*128*　院内連携としての
チームアプローチ…*129*　地域医療連携としてのネットワーキン
グの技術…*129*

2　スーパービジョンとコンサルテーション……………………………*131*

スーパービジョン…*131*　コンサルテーション…*134*

第11章　生活を支える医療ソーシャルワーク実践…*137*

1　療養中の心理的問題の解決，調整援助……………………………*137*

療養中の心理的支援の必要性…*137*　傷病，障がいの受容…*139*
非常に強い心理的ストレス，うつ等への支援…*141*

2　療養中の社会的問題の解決，調整援助……………………………*141*

療養中の社会的問題とは…*141*　社会的問題への援助の多様性
…*142*

3　心理的・社会的問題の解決，調整援助の支援の実際……………*143*

事例——HIV感染が判明したＡさんへの支援…*143*

vii

第Ⅲ部　生活を支える医療ソーシャルワーク実践

第12章　退院援助 ………………………………………………… 148

1　平均在院日数の短縮と退院援助 ……………………………… 148

国民医療費の概況…148　社会的入院…149　平均在院日数…149
在宅医療…149　終末期医療…150

2　退院計画と退院援助 …………………………………………… 153

退院支援計画…153　退院援助…153　転院…155

3　退院援助の支援の実際 ………………………………………… 155

クライエントの概要…155　支援の内容とその結果…156

第13章　社会復帰援助 …………………………………………… 159

1　復職支援と社会復帰援助 ……………………………………… 160

「医療ソーシャルワーカー業務指針」における社会復帰援助…160
生活モデルと復職支援…160　「復職支援」を越えて…162

2　復学支援と社会復帰援助 ……………………………………… 164

医療と復学支援…164　スクールソーシャルワーカーとの連携…164

3　社会復帰援助の支援の実際 …………………………………… 166

医療ソーシャルワーカーとの出会いまで…166　支援の経過…166

第14章　受診・受療援助 ………………………………………… 171

1　生活環境と医療 ………………………………………………… 171

生活習慣と健康状態…171　貧困と疾病の連鎖…171　過労死…172
過労死を防ぐ取り組み…173　がん…174　治すから支える医療へ
…174　プライマリ・ケアとは…175

2　受診・受療援助と医師の指示 ………………………………… 175

医療行為…175　パターナリズム…176　生活モデル…176　エンパ
ワメント…176　受診・受療支援…177

viii

目　次

　　3　受診・受療援助の実際 ……………………………………………………178

　　　　クライエントの概要…178　支援の内容とその結果…178

第15章　経済的問題の解決，調整援助……………………182

　　1　日本の医療保障制度とその現状 …………………………………………184

　　　　医療扶助…184　低所得者医療…185　医療保障…186　所得保障
　　　　…187　混合診療…189

　　2　医療ソーシャルワーカーの具体的支援について ………………………192

　　　　事例…192　医療ソーシャルワーカーの役割…193

第16章　地域活動………………………………………………195

　　1　地域機関との連携 …………………………………………………………195

　　　　保健・医療・福祉…195　病病連携・病診連携…196

　　2　地域の組織化とソーシャルアクション …………………………………197

　　　　ソーシャルアクション…197　ミクロ・メゾ・マクロのソーシャ
　　　　ルワーク…198　地域組織化…198　地域包括ケアシステム…199
　　　　事例——脳梗塞による左片麻痺…201

第17章　医療ソーシャルワークの将来…………………206

　　1　地域包括ケアシステムと医療ソーシャルワーカーの役割…………207

　　　　地域包括ケアシステムとその背景…207　地域包括ケアシステム
　　　　とは…207　地域包括ケアシステムと医療ソーシャルワーカーの
　　　　働き…208　地域包括ケアシステムと医療ソーシャルワーカーの
　　　　課題…209

　　2　医療ソーシャルワーカーの将来…………………………………………211

　　　　医療政策や福祉政策のあり方に対して批判的であること…211
　　　　社会の視点を忘れてはならない…212　仕事の悩みをひとりで抱
　　　　え込まない…212

ix

エピローグ　保健医療サービスの展望……………………………………214

　　　　学問としての理解…215　　医療における社会的課題…216

あとがき

付　録　医療ソーシャルワーカー業務指針

さくいん

プロローグ

保健医療サービスを学ぶ

保健医療サービスを学ぶ意義

　みなさんは，保健医療サービスと見聞きして，どのようなイメージをもつだろう。「私たちの生命にかかわる大切なもの。しかし，普段の生活とはかけ離れたもの。一般の人にはわかりにくい専門的なもの」といったところだろうか。実際はどうであろうか。

　私たちの日々の生活のなかで，毎日，健康でいられるとは限らない。みなさんも，風邪をひいた，虫歯になったといったような経験は少なからずあるだろう。また，いつ交通事故やスポーツ事故にあうとも限らない。そのようなときに病院や診療所で適切な医療サービスが受けられるということがいかに重要であろうか。

　それだけではない。みなさんが小学生のころ保健室の養護教諭や担任の先生から，風邪の予防やケガの予防についての指導を受けた記憶があるのではないだろうか。できることならば，病気になる，ケガをする前に予防できたら，それに越したことはないだろう。私たちが日々健康でいられるように，保健所および市町村保健センターが地域保健について対人保健サービスを提供している。

　また，保健医療サービスには社会サービス（social service）も含まれる。社会サービスには，医療サービスを受けるための移送，介護・生活支援，相談援助などが含まれる。これらの社会サービスが存在することで，スムーズに医療サービスを受けるためのサポートができる。医療サービスの提供を受ける多くの人々は，社会サービスの提供も必要としている。それについては，日本の高

1

齢化が進行するなかで，多くの高齢者が慢性疾患の治療を受けながら介護サービスのニーズをもつことになり，その対応として2000（平成12）年に介護保険法が施行されたことからもわかる。

このように保健医療サービスは，みなさんのイメージどおり，私たちの生命にかかわる非常に重要なものである。しかし専門的なものであるが，私たちの日常生活に身近なものであるともいえるのではないだろうか。

そのように保健医療サービスは，私たちにとって重要なだけでなく身近なものであるため，専門的ではあるが，社会福祉を学ぶ者にとってはもちろんのこと，多くの人々にとって学ぶ意義があるといえる。

保健医療サービスの構成要素

「保健医療サービス」は英語では「ヘルスケア（health care）」と表すことができる。このヘルスは日本語では健康と訳されることが多いが，医療も含んだ保健という意味がある。そして，ヘルスケアという用語は，保健と治療だけでなくリハビリテーションも含んだ医療サービスとして使われている。そういう意味でヘルスケアは保健医療サービスと近い意味といえる。では，保健医療サービスを構成する要素は何であろうか。

保健医療サービスを提供するには，まず第1に保健医療関連従事者が必要である。医療専門職が多数を占めるが，社会福祉専門職，事務職などの従事者がいる。次に保健医療サービス提供施設があげられる。医療提供施設として，病院，診療所，助産所，老人保健施設，調剤薬局がある。介護施設として高齢者施設，障害者施設などがある。また，在宅医療，福祉サービスを提供する訪問看護ステーション，介護保険制度の居宅介護サービスである訪問介護，通所リハビリテーション，短期入所療養介護などがある。

それらの2つの構成要素を経済的基盤として支える3番目の構成要素が医療財源である。まず医療費については，中心になるのが社会保険の医療保険，労災保険などの制度であり，それを補うものとして公費負担医療制度がある。また，高齢化に対応した財源を確保するために新たに介護保険制度も創設された。

しかし，上記の人・物・金の３つの構成要素だけでは十分ではない。それらを有機的に結び付けることが必要である。

まず，そのためには保健医療サービスの利用者に適切な情報の提供を推進することが必要となる。基本的な医療知識を提供し，疾病の予防，早期治療を進め，また，広告規制の緩和などで適切なサービス提供機関の選択をサポートすることが重要である。そのうえで，受診などで実際に直接利用者と接する保健医療関連従事者には，利用者が自らの診療などを選択できるようにわかりやすく情報提供を行い，インフォームドコンセントなどの推進が求められる。保健医療関連従事者依存といった，いわゆるパターナリズムからの脱却である。また，困難な状況の利用者・家族の支援として，フットワーク軽く組織内外の多職種と連携しチームワークを高めていき，「病院完結型の医療から地域完結型の医療への変革」のスローガンの通り，地域内の保健医療機関のみならず福祉サービス提供機関とも連携して地域の社会資源を統合したネットワーキングの構築が求められる。

医療ソーシャルワークとは

読者のみなさんは，保健医療サービスのイメージがつかめ始めたであろうか。さて，今，この保健医療サービスの名称には，ひとつの大きな意味がある。それは，2007（平成19）年の「社会福祉士及び介護福祉士法」の改正によって，保健医療サービスが社会福祉士および精神保健福祉士の国家資格の指定科目になったことである。このことは社会福祉士の実習指定施設に病院・診療所・介護老人保健施設が追加されたことと合わせて，社会福祉士の資格を取得して，保健医療機関でソーシャルワーク業務を行うことの基盤が創設されたといえよう。

医療ソーシャルワーカーは，保健医療機関におけるソーシャルワーカーと説明され，その実践の専門性の体系が医療ソーシャルワークといえる。戦前から病院に少数であるがソーシャルワーカーが配置され，戦後は GHQ の影響で保健所に配置され，その後は国立療養所で配置され，そして民間病院のソーシャ

ルワーカーが増加していくこととなる。医療ソーシャルワーカーは，長年の歴史を経て年々増加して，現在に至って多数の配置がされるようになった。また，診療報酬の退院支援加算などによって，今も社会福祉士の配置が進んでいる。

　古く歴史をたどると聖徳太子が建立したとのいわれのある四天王寺の四箇院において，社会福祉と医療の原点といえる実践が行われていたように，医療の現場に社会福祉の実践は必要不可欠である。生活が困窮し貧困になることにより食生活・衛生状態が悪化し疾病になる，また，疾病により失業し，医療費などの経済的負担が増大することにより貧困になる。このような貧困と疾病の連鎖を断ち切るために，第一義的に生命を守る医療専門職とともに，第一義的に生活を守る専門職である医療ソーシャルワーカーは保健医療機関において医療チームの一員としての存在価値がある。

　保健医療分野において，結核に代表される感染症中心の急性期疾患から，悪性腫瘍に代表される生活習慣病中心の慢性期疾患へと疾病構造が変化した結果，キュア（治療）からケア（看護・介護・生活支援）への転換が起こり，患者のQOL（quality of life）が主体となっている。また，社会における人権意識の高揚と価値観の変化により，患者主体の医療が重視されている。そして，保健医療サービスの効率的な提供のために，多職種連携，多機関連携が注目されている。このような時代が到来し，ソーシャルワーカーが大切にしてきた人間の尊厳を守る専門的価値，自己決定を尊重する倫理およびライフモデル，エコロジカル視点，ストレングス視点などの支援の専門的理論は，保健医療機関において，今，まさに求められている。

本書の学び方

　最後に本書での学習方法を紹介しよう。本書の特徴は，今まで説明してきた「保健医療サービス」と「医療ソーシャルワーク」この2つのテーマを学べるように心がけて編集した。

　まず，「保健医療サービス」については，「第Ⅰ部　生活を守る理念としくみ」の，「第1章　医療保障」と「第2章　診療報酬制度」において保健医療

サービスの制度について説明している。また，「第3章　保健医療サービス」，「第4章　保健医療サービスにおける多職種連携」では，保健医療サービスとは何かから始まり保健医療サービスの構成要素と専門職について説明している。「第5章　医療現場における権利擁護」では今医療現場で重視されている患者・家族の権利が理解されよう。

　次に，「医療ソーシャルワーク」についてであるが，「第Ⅱ部　保健医療機関におけるソーシャルワーク」において，医療ソーシャルワークとは何かを理解し，歴史を振り返ったうえで3つの専門性を学べるように心がけている。また，「第Ⅲ部　生活を支える医療ソーシャルワーク実践」は，「医療ソーシャルワーカー業務指針」に沿って構成しており，それぞれに具体的な理解を深めるために事例を掲載している。最後の第17章では，みなさんが医療ソーシャルワークを展望できるように考えた。エピローグとあわせて読んでいただきたい。

　このように，「保健医療サービス」のテキストとしても医療ソーシャルワークのテキストとしても完成度の高いものとなった。また，読みやすさも配慮しているので，入門書としても最適だと考えている。もちろん，社会福祉士・精神保健福祉士の国家試験の共通科目である「保健医療サービス」を学ぶために活用することにも十分耐えうるように配慮している。

　ただ，最も大きな特徴は，「医療ソーシャルワーク」について，しっかりと学べる点である。これだけ多くの医療ソーシャルワーカーであった研究者が執筆しているテキストは数少ないと思う。それぞれの実践経験を原点にして，それに加えて研究により蓄積された専門性が発揮され，現在，ソーシャルワーカー養成教育に携わっていることにより，読者のみなさんに日頃学生と接するような気もちでの語りかけができているのではないかと考える。

　このテキストが社会福祉の深い学びにつながり，みなさんが社会福祉士・精神保健福祉士になり，将来，疾病とともに生きる利用者およびその家族を支えるソーシャルワーカーになっていただきたいと期待している。

第Ⅰ部

生活を守る理念としくみ

第1章

医療保障

　社会保障は歴史的に形成された概念であり，それぞれの国により時代によって，その理念，内容，しくみなどが変化してきた。

　日本の社会保障は，近年，1993（平成5）年の社会保障制度審議会で，「国民の生活の安定が損なわれた場合に，国民にすこやかで安心できる生活を保障することを目的として，公的責任で生活を支える給付を行うものである」とされている。すなわち，社会保障とは，人生の局面におけるさまざまなリスクに対して，国民全体で支えあうセーフティーネットであるといえる。社会保障を機能的側面から分類すると，①所得保障，②医療保障，③社会福祉に分類することができる。ここでは医療保障について述べる。

　医療保障は，疾病や障がいなど人間の生命にかかわるリスクに対して，医療サービスを受けることが保障される社会保障の重要な制度である。狭義には医療費の保障，広義には医療提供体制をも含む概念である。欧米の先進諸国の医療保障と日本の医療保障は，財政方式や医療提供体制などで異なる制度をとっている。

　日本の医療保障制度は医療保険制度を基本として，その他各種の公費負担医療制度がある。

第1章　医療保障

1　医療保障とは

医療保障の変遷と発展

① 　日本における社会保障制度の変遷と発展

　日本の社会保障制度が本格的に発展するのは，第2次世界大戦以降であるが，第2次世界大戦前に現在の医療保険の萌芽があった。それは，1922（大正11）年に被用者（労働者）を対象とする健康保険法が制定されたことである。これは，日本で初めての社会保険であった。

　その後，被用者以外の者にも医療保険を適用するため，被用者のための社会保険という枠を越えて，日本特有の地域保険として1938（昭和13年）に（旧）国民健康保険法が制定された。戦後の国民皆保険制度展開の基礎が，戦前のこの時期に作り上げられたのである。

　また，社会保障制度審議会による1950（昭和25）年の「社会保障制度に関する勧告（50年勧告）」では，社会保障について次のように規定している。

　　　社会保障制度とは，疾病，負傷，分娩，廃疾，死亡，老齢，失業，多子その他困窮の原因に対し，保険的方法又は直接公の負担において経済保障の途を講じ，生活困窮に陥った者に対しては国家扶助によって最低限度を保障するとともに，公衆衛生および社会福祉の向上を図り，もってすべての国民が文化的社会の成員たるに値する生活を営むことができるようにすることをいう。

　この50年勧告を踏まえて，社会保障制度は，「社会保険」「社会福祉」「公的扶助」「保健医療・公衆衛生」の4つに体系化され，このなかの「社会保険」がわが国の社会保障制度の中核となった。この後，日本の社会保障制度は，50年勧告を踏襲していくことになる。「社会保険」は「医療保険」「年金保険」「雇用保険」「労働者災害補償保険」「介護保険」の5つの制度で構成されてい

9

第Ⅰ部　生活を守る理念としくみ

る。次に，保健医療および衛生，を中心に戦後の社会保障制度を年代順に概観する。

②　戦後～2000年代までの社会保障制度の変遷

1945（昭和20）年以降の戦後の混乱期に，緊急対策として劣悪な食糧事情と衛生環境に対応した栄養改善(1)と伝染病予防(2)が実施された。その後1950（昭和25）年以降の高度経済成長に伴い生活水準が向上し，1961（昭和36）年には，新国民健康保険法の制定による国民皆保険が実現したこと等から，社会保障制度は救貧から防貧中心になった。

1973（昭和48）年には，国民健康保険の被保険者のなかで，高齢者（70歳以上）の老人医療の自己負担が無料になった。この時期に社会保障制度は大幅に拡充し，1973（昭和48）年は「福祉元年」と呼ばれた。

1973年の第1次オイルショック，1979（昭和54）年の第2次オイルショック以降，わが国の高度経済成長は終焉を迎えた。老人医療の無料化を見直すため1983（昭和58）年に老人保健制度が創設された。増え続ける老人医療費を抑える目的で老人医療自己負担を定額負担とした。

1990年代以降，経済が長期にわたって低迷するなか，社会保険財政が悪化し，少子高齢社会に対応した社会保障制度の構造改革が行われる必要が出てきた。2000（平成12）年に介護保険制度が創設され，2008（平成20）年には，後期高齢者医療制度が創設された。特に近年は，長期的な社会保障給付の伸びを抑制し，制度の持続可能性を高める観点から，介護，医療にわたる一連の制度改革が実施された。このような改革を行ってもなお給付の伸びが国民経済の伸びを上回る見通しとなる医療や介護については，必要なサービスの確保と質の維持・向上を図りつつ，効率化等による供給コストの低減に向けた取り組みが進められている。

社会保障制度の機能と役割

わが国の社会保障制度を機能や役割でまとめると「所得保障」「医療保障」「社会福祉」に大別できる。ここでは，「医療保障」について概観していきたい。

医療保障とは，疾病や障がいの治療，健康の維持・回復のために医療機関等による保健医療サービスを受けることが保障される制度のことである。

現金給付とは異なり，医療サービスが保障されるために，医療サービスを提供する場所としての医療機関（病院・診療所），医療行為を行う人材（医師・看護師など医療従事者），医療材料等，医療サービスを提供する体制整備が整っていることを前提として，実際に患者に医療サービスを提供するのに要する費用を保障するものである。

わが国の医療保障の中核は医療保険制度であるため，医療保障イコール医療保険制度と思ってしまうことが多いが，医療保険制度以外に公費負担医療や生活保護制度における医療扶助なども含めて医療保障であることを認識しておこう。以下にわが国の社会保障制度の医療保障をまとめておく。

社会保険には，医療保険の「療養の給付」，労働者災害補償保険の「療養補償給付」等がある。また，介護保険の給付のなかには，医療保障と社会福祉にまたがる給付がある。

社会扶助には，上述した生活保護制度の「医療扶助」，公費負担医療，自立支援医療等がある。

ここで，先進国の医療保障制度を見てみよう。日本，ドイツ，フランス，アメリカは医療保険制度だが，イギリス，スウェーデンは，税方式による国営・公営の保健医療サービスになっている。

医療保険制度すなわち社会保険方式は，一定期間にわたって保険料を拠出し，拠出した程度に応じた額の給付をする方式であるのに対し，税方式は，個人の保険料拠出を必要とせず，拠出にかかわらず給付する方式である。両者を比較すると，社会保険方式は自助を通じた共助の考え方で権利的な性格が強く，企業の役割を明確に位置づけられている（事業主負担）。税方式は公助の考え方であり，企業の役割が必ずしも明確ではない。

第Ⅰ部　生活を守る理念としくみ

2　医療費と財源

国民医療費

①　国民医療費の範囲

「国民医療費」とは，当該年度内の医療機関等における保険診療の対象となり得る傷病の治療に要した費用を推計したものである。保険診療のみの費用であることに注意を払いたい。

この費用には，医科診療や歯科診療にかかる診療費，薬局調剤医療費，入院時食事・生活医療費，訪問看護医療費等が含まれる。

なお，保険診療の対象とならない評価療養（先進医療（高度医療を含む）等），選定療養（特別の病室への入院，歯科の金属材料等），不妊治療における生殖補助医療等に要した費用は含まれない。

また，傷病の治療費に限っているため，(1)正常な妊娠・分娩に要する費用，(2)健康の維持・増進を目的とした健康診断，予防接種等に要する費用，(3)固定した身体障がいのために必要とする義眼や義肢等の費用も含まれない。

②　国民医療費の状況

2014（平成26）年度のわが国の国民医療費は40兆8071億円にものぼり40兆円の大台に乗った。図1-1のグラフが示すように若干の増減はあるものの増加傾向にあることは間違いない。

2014（平成26）年度の国民医療費40兆8071億円は，前年度の40兆610億円に比べて7461億円，つまり約1.9％増加した。「人口1人当たりの国民医療費」は，32万1100円となり，前年度の31万4700円に比べて，2.0％増加した。2014（平成26）年度の国民医療費の対「国内総生産（GDP）」は，8.33％，対「国民所得（NI）」は，11.20％となった。対国内総生産，対国民所得ともに徐々に拡大しており，わが国の財政や国民の所得を圧迫しているのが現状である。

③　国民医療費の動向

統計が公表された1954（昭和29）年度の国民医療費は2152億円であった。そ

第1章 医療保障

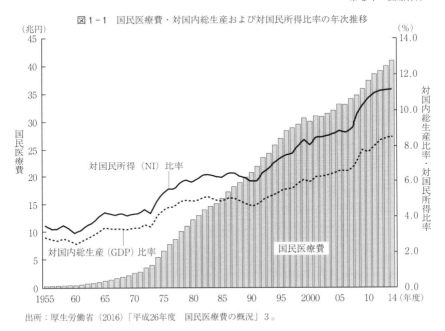

図1-1 国民医療費・対国内総生産および対国民所得比率の年次推移

出所：厚生労働省（2016）「平成26年度 国民医療費の概況」3。

れからすると，2014（平成26）年度の国民医療費は，おおよそ190倍にも増加したことになる。一方，国内総生産や国民所得は50倍ほどの増大であるため，いかに国民医療費の伸びが大きいかがわかる。医療費が増大した背景には，いくつかの要因がある。

まず，昭和30年代に国民皆保険が達成したことにより，国民の誰もが医療給付の対象になったこと，医療機関のフリーアクセスのしくみ（基本的に「誰でも」「どこでも」「いつでも」「どの医療機関でも」医療受診が可能）をとっていることなどから医療機関を受診しやすくなった。また，昭和40年代には給付拡大をもたらした政策（老人医療の自己負担無料化など），医療機器・医療技術の進展が医療費の伸びに拍車をかけた。

しかし，昭和50年代には，医療費の抑制策で，医療費は前年度比10％未満の伸びに抑えられた。1990年代以降は，一段と低い伸びが続いている。特に2000（平成12）年は介護保険が施行されたことに伴って，前年度比で5000億円を超え

第Ⅰ部　生活を守る理念としくみ

表1-1　医療保険制度の概要

(2016年6月現在)

制　度　名		保　険　者 (平成27年 3月末)	保　険　給　付			
			医　療　給　付			現金給付
			一部負担	高額療養費制度, 高額医療・介護合算制度		
健康保険	一般被用者 協会けんぽ	全国健康保険協会	義務教育就学後から70歳未満 3割 義務教育就学前 2割 70歳以上75歳未満 2割（※） （現役並み所得者3割） （※）平成26年3月末までに既に70歳に達している者　1割	(高額療養費制度) ・自己負担限度額 (70歳未満の者) （年収約1,160万円〜）　　 252,600円＋(医療費−842,000円)×1% （年収770〜約1,160万円）167,400円＋(医療費−558,000円)×1% （年収370〜約770万円）　 80,100円＋(医療費−267,000円)×1% （〜年収約370万円）　　　 57,600円 （住民税非課税）　　　　　 35,400円 (70歳以上75歳未満の者) （現役並み所得者）80,100円＋(医療費−267,000円)×1% 　　　　　　　　　　　外来（個人ごと）44,400円 （一般）　　　　　 44,400円　外来(個人ごと)12,000円 （住民税非課税世帯）24,600円　外来(個人ごと)8,000円 （住民税非課税世帯のうち特に所得の低い者） 　　　　　　　　　15,000円，外来(個人ごと)8,000円 ・世帯合算基準額 　70歳未満の者については，同一月における21,000円以上の負担が複数の場合は，これを合算して支給 ・多数該当の負担軽減 　12か月間に3回以上該当の場合の4回目から自己負担限度額 (70歳未満の者) （年収約1,160万円〜）　　　　　　 140,100円 （年収770〜約1,160万円）　　　　　 93,000円 （年収370〜約770万円）　　　　　 44,400円 （〜年収約370万円）　　　　　　 44,400円 （住民税非課税）　　　　　　　 24,600円 (70歳以上の現役並み所得者)　　　 44,400円 ・長期高額疾病患者の負担軽減 　血友病，人工透析を行う慢性腎不全の患者等の自己負担限度額10,000円 (ただし，年収約770万円超の区分で人工透析を行う70歳未満の患者の自己負担限度額20,000円) (高額医療・高額介護合算制度) 　1年間（毎年8月〜翌年7月）の医療保険と介護保険における自己負担の合算額が著しく高額になる場合に，負担を軽減する仕組み。自己負担限度額は，所得と年齢に応じきめ細かく設定。		・傷病手当金 ・出産育児一時金 等
	組　合	健康保険組合 1,409				同上 (附加給付あり)
	健康保険法第3条第2項被保険者	全国健康保険協会				・傷病手当金 ・出産育児一時金 等
	船員保険	全国健康保険協会				同上
各種共済	国家公務員	20共済組合				同上 (附加給付あり)
	地方公務員等	64共済組合				
	私学教職員	1　事業団				
国民健康保険	農業者自営業者等	市町村 1,716				・出産育児一時金 ・葬祭費
		国保組合 164				
	被用者保険の退職者	市町村 1,716				
後期高齢者医療制度		[運営主体] 後期高齢者医療広域連合 47	1割 （現役並み所得者3割）	自己負担限度額　　　　　　　外来（個人ごと） （現役並み所得者）80,100円＋(医療費−267,000円)×1% 44,400円 （多数該当の場合） （一般）　　　　　　44,400円　　　　　　 12,000円 （住民税非課税世帯）24,600円　　　　　　 8,000円 （住民税非課税世帯のうち特に所得の低い者） 　　　　　　　　　 15,000円　　　　　　 8,000円		葬祭費　等

注：1）　後期高齢者医療制度の被保険者は，75歳以上の者及び65歳以上75歳未満の者で一定の障害にある旨の広域連合の認定を受けた者。

　　2）　現役並みの所得は，住民税非課税所得145万円（月収28万円以上）以上または世帯に属する70〜74歳の被保険者の基礎控除後の総所得金額等の合計額が210万円以下の者。ただし，収入が高齢者複数世帯で520万円未満若しくは高齢者単身世帯で383万円未満の者，及び旧ただし書所得の合計額が210万円以下の者は除く。特に所得の低い住民税非課税世帯とは，年金収入80万円以下の者等。

　　3）　国保組合の定率国庫補助については，健保の適用除外承認を受けて，平成9年9月1日以降新規に加入する者及びその家族については協会けんぽ並とする。

出所：厚生労働省（2016）『平成28年版　厚生労働白書』資料編，27を一部改変。

る減額になった。

④　医療費の適正化

　医療費の増加要因として，①アクセス（受診率），②高齢化，③医療技術の進歩が考えられる。つまり，国民皆保険になったことにより，誰もが受診できるようになり受診率が高くなったことや，高齢化により病気にかかる人が増えたこと，医療技術の進歩により，医療費のかかる高度医療が増えたこと等，このような要因から，医療保険財政は逼迫している。医療保険制度を持続可能な制度にするため，後述する「医療保険制度改革の推進」①～④に医療費適正化の医療政策の具体例が述べられている。

医療保険制度

　わが国の医療保険制度の最大の特徴は，職域や住所がある市町村によって，保険者が分かれていることである。これは，先に述べたように被用者（労働者）を対象とする健康保険法が制定され，後に被用者以外の者にも医療保険を適用するため，日本特有の地域保険として，国民健康保険法が制定された経緯によるものである。

　わが国の医療保険制度の体系は，被用者保険，国民健康保険，後期高齢者医療制度に大別される（表1-1）。

　被用者保険はさらに大企業の被用者とその被扶養者が対象の組合管掌健康保険（組合健保），中小企業の被用者とその被扶養者が対象の協会けんぽ，公務員などとその被扶養者対象の各共済組合に分かれる。そのほか，船員保険もある。一方，被用者以外の無職，自営業，農林水産業等の人たちが対象の国民健康保険がある。それぞれの制度の被保険者であった人たちは，75歳（あるいは65～74歳で一定の障がい状態にある人）になると全員が後期高齢者医療保険制度の被保険者になる。財源構成は，それぞれの制度によって異なる。財政状況が厳しいのは，職業構成上，国民健康保険，協会けんぽである。

第Ⅰ部　生活を守る理念としくみ

医療保険制度改革の推進

① 　国民健康保険制度改革

　わが国の医療政策上の重要なテーマは，国民皆保険を堅持し，国民が安心して必要な医療を受けられるようにしていくことである。国民皆保険であることによって，世界トップレベルの平均寿命の長さと乳幼児死亡率の低さを達成し，国民の健康を維持してきたといえる。

　2015（平成27）年に公布された「国民健康保険法等の一部を改正する法律」は，国民健康保険制度の諸課題への取り組みを進める法律である。特に，国民健康保険制度の財源問題に対応できるように国民健康保険制度の財政支援を拡充したうえで，「都道府県」を国保の財政運営の責任主体と定め，被用者保険者間の支え合いを強化することなどが盛り込まれた。

　現在，国民健康保険制度の財源は，約50％が公費（国49％，都道府県9％），約50％が保険料の割合になっている。

② 　高齢者医療における後期高齢者支援金の全面総報酬割の導入

　後期高齢者医療制度の財源は，約50％を公費（国4/12，都道府県1/12，市町村1/12），約10％を保険料，残る約40％を現役世代からの後期高齢者支援金によって賄われている。この後期高齢者支援金は，原則，各保険者の加入者数に応じて負担しているが，被用者保険者の財政力にばらつきがあることから，加入者数に応じた負担では，財政力が弱い保険者の負担が相対的に重くなる。このため，負担能力に応じた負担とする観点から，2010（平成22）年度から被用者保険者間の按分について，3分の1を総報酬割（被保険者の給与や賞与などのすべての所得で按分），3分の2を加入者割とする負担方法を導入していたが，2017（平成29）年度から全面総報酬割を実施するとともに，全面総報酬割の実施にあわせて，被用者保険者の負担の増加が今後とも見込まれるなかで，拠出金負担の重い被用者保険者への国費による支援の枠組みを制度化することとしている。

③ 　負担の公平化等

　負担の公平化にあたり，まず入院時食事療養費の見直しがある。1食あたり

第1章　医療保障

の自己負担額を360円（2016（平成28）年度）から460円（2018（平成30）年度）に
段階的に引き上げることとしている。ただし，低所得者区分に該当する者，お
よび難病または小児慢性特定疾病の患者については負担額の軽減措置がある。

その他，紹介状なしで大病院を受診する場合等の定額負担の導入がある。フ
リーアクセス（受診する医療機関を自由に選ぶことができる）の基本は守りつつ，
主治医と大病院に係る外来の機能分化をさらに進めるとともに，病院勤務医の
負担軽減を図るため，2016年度から，特定機能病院等において，紹介状なく受
診する患者に対して，原則として一定額の負担を求めることとした。

また，標準報酬月額の上限額の見直しも行われている。健康保険料の算定の
基礎となる標準報酬月額について，負担能力に応じた負担を求める観点から，
2016年度から，現在の標準報酬月額に3等級追加し，上限額が121万円から139
万円に引き上げられた。あわせて，標準賞与額についても，年間上限額が540
万円から573万円に引き上げられた。

④　その他の改革項目

協会けんぽは，主に中小企業の事業主や従業員が加入する医療保険であり，
健康保険組合などの他の被用者保険と比較して財政基盤が脆弱である。協会け
んぽの被保険者の報酬水準は健康保険組合よりも低い一方で，2015（平成27）
年度の協会けんぽの都道府県支部の平均保険料率は，被用者保険のなかでも相
対的に高く，10％となっている。このような財政力格差を解消するため，協会
けんぽに対して国庫補助を行っているが，今回の医療保険制度改革では，2015
年度以降の国庫補助率を当分の間16.4％と定め，期限の定めをなくすこととし，
その安定化を図ることとしている。

3　医療保険と公費負担医療制度

私たちの生活と社会保険

誰もが幸せな生活を送りたい，と思っている。しかしある日突然大きな不幸
に見舞われることもある。病気や事故，失業，家族の介護など予期せぬことで

第Ⅰ部　生活を守る理念としくみ

生活が大きく変わってしまう。そうしたことに備えるために，私たちは貯金をし，また生命保険などに加入をしている。それでも，そういった個人としての対応には限界があり，やがて予期せぬ出来事から，不意に生活苦に陥ることも考えられる。

　大きな病気やケガをすると病院に入院して治療を受けるが，たちまち「医療費の心配」をすることになるだろう。仕事を休めば「生活費の心配」も生じる。家族に小さな子どもや介護を要する高齢者がいれば「育児と介護の心配」もある。後遺症が残り長い療養生活を強いられれば，さらに心配は大きくなる。

　個人の貯金や生命保険だけでは備えられない人もたくさんいるだろう。私たちが生きていくにあたって生じる生活上の「共通したリスク」に対して，国は社会保険制度をつくっている。疾病やケガというリスクには医療保険，老後の生活費と失業のリスクには年金保険と雇用保険，家族も含めた要介護というリスクには介護保険という制度を作っている。社会保険は，一定条件を満たした国民に対する強制加入の制度であり，平素から収入に応じて保険料を納め，事業主にも保険料負担が求められている。

　私たちが病気，失業や家族の介護など「共通したリスク」に直面したとき上記の制度により，国民みんなが納めた保険料から給付を受けることができることから，生活の当面の安定に寄与している。

医療保険と国民皆保険

　社会保険のなかでも医療保険（健康保険）は，私たちの生活に最も馴染みのある制度である。病気になっても十分な治療とリハビリテーションを受けることができれば，元の生活に戻ることもできるだろうが，もし適切な時期に適切な治療とリハビリを受けられなければ症状は悪化し，予後は不良となることも多く，その後の本人と家族の生活にも大きな悪影響を与えることになる。

　わが国において，すべての国民が何らかの医療保険に加入する「国民皆保険」のしくみが整ったのは1961（昭和36）年である。それまでも医療保険制度はあったが，すべての国民を対象とする制度ではなかった。医療保険制度がな

ければ莫大な自己負担医療費がかかるため，自覚症状があっても受診を我慢し，その結果多くの命を失うことにもなった。特に収入の少ない高齢者にとっては，受診は大きな負担を求めるものであった。

国民皆保険となったことで，すべての国民は何らかの医療保険に加入することとなった。

これにより被保険者証1枚でほとんどの医療機関を受診することができ，国民が安心して医療を受けるしくみができ上がった。

被用者保険と国民健康保険

75歳未満の者が加入する社会保険制度における医療保険には，大きく分けて民間企業等に勤める者や公務員が加入する被用者保険と，自営業や専業農家の者等が加入する国民健康保険の2つがある。

職域保険とも呼ばれる被用者保険は，収入に応じて保険料を負担するとともに，雇用事業者にも保険料の半額負担を求めている。被用者はもちろん被用者に扶養されている家族も保険給付を受けている。

一方，地域保険とも呼ばれる国民健康保険は，被用者保険に加入していない者を対象とする医療保険である。自営業や専業農家以外に，非正規雇用者や退職後の求職者や療養中の者も対象である。被用者保険に加入している者の多くは「正社員」であり，毎月月給から保険料を支払って（天引きされて）いるのに対して，国民健康保険に加入している者のなかには，収入が不安定な者や所得の低い者も多い。

医療保険は強制加入のしくみであるため，必ず保険料を納めなくてはならないが，経済的理由により保険料の支払いを滞納している国民健康保険の加入世帯は少なくない。そのため，受診に伴う一部負担金の支払いも困難であることから，受診を控えたり，病状を我慢している者の存在を知り，救済に向けて社会的対応を行うことはソーシャルワーカー（社会福祉士）の使命である。

第Ⅰ部　生活を守る理念としくみ

後期高齢者医療制度

　75歳以上の者（一定の障がいをもつものは65歳以上）は，それまでの被用者保険や国民健康保険を脱し，自動的に後期高齢者医療制度に加入することになる。後期高齢者医療制度は都道府県ごとに設立された後期高齢者医療広域連合が運営を担う。高齢者の保険料と被用者保険や国民健康保険からの支援金，公費（税金）を財源としている。

現物給付と現金給付

　医療保険は被保険者（保険に加入している者）が，収入に応じて保険料を保険者（医療保険を運営している組織のこと。健康保険組合や市町村など加入している制度によって異なる）に納めることで「加入」し，保険者から被保険者証の交付を受ける。私たちが医療機関で受診をする際，医療機関の窓口で被保険者証を提示することで「保険扱い」となる。

　被保険者は診療が終わると，かかった診療費用の全額を支払うのではなく，一部負担金（3割負担，未就学児は2割負担，高齢者は1〜3割負担）を支払う。後日保険者は一部負担金を除いた診療費用を医療機関に支払う。このしくみを現物給付というが，これにより患者（被保険者）は多額の診療費用を用意しなくてすむ。被保険者証があることで扶養家族も含めて一部負担金のみで受診をすることができるしくみである。現物給付の内容は被用者保険，国民健康保険また後期高齢者医療制度とも共通している。

　また，医療保険には傷病や出産による所得補償としての傷病手当金や出産手当金，出産や死亡時の一時金といった現金給付もある。被用者保険と国民健康保険，後期高齢者医療制度では被保険者の所得損失等の確定が異なるため，現金給付の内容は異なっている。

高額療養費

　医療技術の進歩により効果の高い薬や手術が保険適用となり，高度な治療が医療保険で安心して受けられるようになった。しかし現物給付といっても高額

第 1 章　医療保障

の患者負担となる場合がある。たとえば，脳卒中の場合，脳外科で急性期の治療を受けた後，さらに転院してリハビリテーションを受ける。このように入院期間が長期化すれば，さらに患者負担は高額となる。

　こういった「高額」の負担を軽減する制度として高額療養費還付金制度がある。所得などにより定められた自己負担限度額を超えた一部負担金が，手続きにより支給されるしくみである。また「高額」が過去 1 年の間に 4 回あれば，自己負担限度額が引き下げられ，「長期」の療養を要する患者の負担を軽減している。

　高額療養費制度はひとりの被保険者の「高額」「長期」を支えるだけではなく，複数の医療機関の受診や，同じ被保険者証を使っている被扶養者の受診などを「合算」して高額になった場合についても，負担軽減を図っている。しかし「70歳未満」「70歳以上75歳未満」「75歳以上」と年齢区分を設け，合算の基準や自己負担限度額等が各々異なっている。

　附加給付

　先に述べた現物給付や現金給付以外に，被保険者の実質負担額を減らすなどの独自の給付を行っている保険者がある。保険財政が余裕のある一部の健康保険組合などで行われている。

　公費負担医療制度

　医療保険制度において患者は 1 〜 3 割の一部負担金を支払うが，社会福祉と公衆衛生の向上を目的に，この患者負担の全額または一部を国もしくは地方自治体が公費（税金）を財源に費用を負担する制度である。

　国が定めたものとしての対象は，生活保護受給者における医療扶助（生活保護法），戦傷病者や被爆者の疾病（戦傷病者特別援護法，被爆者援護法），指定難病の治療（難病の患者に対する医療等に関する法律），障がいを軽減するために障がい者が受ける治療（障害者の日常生活及び社会生活を総合的に支援するための法律；自立支援医療は対象疾患や対象とする医療に制限がある），療育医療対象者（児童福

第Ⅰ部　生活を守る理念としくみ

祉法），養育医療対象者（母子保健法），結核等の感染症罹患者（感染症法）など
があり，対象者や対象となる治療は福祉や公衆衛生関連の法律で規定されてい
る。

　このほか地方自治体独自での公費負担医療制度がある。乳幼児や義務教育期
の子ども，ひとり親家庭の親子，重度障がい者，低所得の高齢者など，自治体
により公費負担の程度や範囲が異なっている。

　これら公費医療の対象者には患者等の申請により「医療証」「公費受給者証」
などが交付される。医療保険の被保険者証と一緒に医療機関の窓口に提示する
ことによって，一部負担金の全額またはその一部が公費で負担される。制度に
よっては患者本人またはその世帯の所得によって自己負担限度額が定められて
いるものもある。精神疾患や感染症などの場合，医療機関が直接都道府県等の
公的機関に働きかけて，公費医療の手続きをとることもある。

　また多くの公費負担医療制度は，医療保険が公費医療に優先して医療費を負
担する「保険優先」が原則とされている。医療保険の給付を受けて，残りの一
部負担金を公費が負担するというものである。しかし例外として「公費優先」
のものもある。戦傷病者，被爆者に対する医療の一部，公害認定患者に対する
医療，一部の感染症に対する医療は全額公費負担となっている。

4　介護保険制度との関係

社会的入院と公的介護保険

　1980年代「社会的入院」という言葉がよく使われた。入院する必要のない高
齢者が，患者や家族の都合により，介護を目的とした入院を行うことである。
核家族化が進み，独居あるいは高齢者だけの世帯が増え，家族の介護力は低下
していた。国は介護を家族や地域の助け合いで担うべき，という考え方を貫い
ていたが，自宅で介護を受けられない高齢者が，自己負担が安いこともあり病
院に長期間入院をする状況が多く見受けられた。またこの頃こういった高齢者
を対象とした病院（現在の療養病床にあたる特例許可老人病棟）が数多くつくられ，

22

その結果国家予算の医療費が大幅に増えていった。

　医療費を削減するために国は医療法の改正を重ねた。ベッド数を増やさないように都道府県に「地域医療計画の策定」を実施させ，また，特定機能病院，療養病床など「病院の機能分化」を進めた。また，診療報酬改定により，一般病棟には「平均在院日数」，療養病床には「医療区分」というルールを作り，医療保険においても患者の自己負担を引き上げ，「安易な入院」「社会的入院」の排除をめざした。

　一方で国はそれまで介護を家族扶養や地域の助け合いとしていたものを，社会保険としての介護保険制度をつくり，社会全体で介護に取り組むしくみをつくった。こうして2000（平成12）年に公的介護保険制度がスタートした。介護保険制度を導入するまでは，訪問介護も特別養護老人ホームの利用も所得の低い高齢者のみの世帯が優先されるなど，介護を支えるサービスは不足していた。社会保険となってサービス事業者も増え，介護を社会全体で支える考えが普及している。

介護保険制度の対象

　医療保険は「国民皆保険」の名のとおり，すべての国民を対象としたものである。一方，介護保険は65歳以上の高齢者を第一号被保険者とし，親の介護を意識することの多くなる40歳から64歳までの医療保険加入者を第二号被保険者とした。保険者は，市町村またはいくつかの市町村によってつくられた広域連合である。

　介護保険制度の財源は，利用者負担を除いて介護サービスに給付される費用の半分を被保険者からの保険料とし，残り半分は国，都道府県および市町村からの公費をあてている。第一号被保険者は原則として受給している年金から保険料を徴収する「特別徴収」とし，第二号被保険者は医療保険料と一緒に保険料を徴収されている。

　また介護サービス利用者は利用者負担を支払うが，被保険者証とは別に交付される「負担割合証」に負担割合が記載されている。多くの者は１割負担であ

第Ⅰ部　生活を守る理念としくみ

るが，一定以上の所得のある者は2割負担となっている。⁽³⁾

要介護認定

　介護保険サービスを利用する際には，要介護認定を受け「要支援1・2」または「要介護1～5」の認定を受ける必要がある。要介護認定を希望する被保険者は，市町村等に認定の申請を行う。第一号被保険者は要介護状態になった原因は問われないが，第二号被保険者はその原因を加齢に伴う疾患（特定疾病）によるものに限定をしている。

　申請後，市町村等は調査員を派遣して被保険者に認定調査を行い，そこで出たコンピューターによる一次判定の結果と被保険者本人のかかりつけ医による意見書とを合わせ，介護認定審査会における合議を経て二次判定の結果が出る。二次判定では要介護状態区分（自立（却下）か，要支援1・2，要介護1～5）と認定の有効期間（3か月～24か月）が決められ，被保険者に通知される。

　認定の有効期間が定められているが，有効期間中に要介護状態に変化があった場合には，要介護状態区分の変更申請を行うことができる。また，有効期間が終わる前に更新申請を行い，新たに要介護認定を受ける。保険者の認定結果について，被保険者に不服がある場合は，保険者と国民健康保険団体連合会に不服を申し出られるが，不服が解消されないときは，都道府県に設置する介護保険審査会に審査請求をすることができる。

サービスの利用

　認定結果で要介護1～5が出た場合は介護サービスを，要支援1・2が出た場合は介護予防サービスを利用することができる。

　在宅でサービスを受けるためには介護支援専門員（ケアマネジャー）が介護サービス計画（ケアプラン）を立てなくてはならない。介護サービスの場合は居宅介護支援事業所（ケアプランセンター）と，介護予防サービスの場合は地域包括支援センターと被保険者は契約を結ぶ。

　介護支援専門員が本人や家族からニーズを聞き取り，アセスメントを行った

うえでケアプランを立てる。ケアプランには本人の実現したい目標と，そのために必要なサービスとその利用頻度などが記載されている。ケアマネジャーはケアプランを立てるにあたり，主治医やサービスを提供する事業所を集めて各々の意見を聞く「サービス担当者会議」を定期的に開き，利用者のニーズが実現できるような調整を行っている。

居宅サービスと施設サービス，地域密着型サービス

要介護者が使うことのできるサービスには，訪問看護や通所リハビリなどの居宅介護サービスと，介護老人福祉施設や介護老人保健施設などの施設介護サービスがある。

居宅介護サービスは先に述べたケアマネジャーによるケアプランに位置づけられる必要があるが，要介護度によって使えるサービスの上限が定められている。これを区分支給限度基準額という。区分支給限度基準額内であれば，「負担割合証」に記載されている1割負担（または2割負担）でサービスを利用することができるが，基準額を超えてサービスを利用すると，超えた分は保険適用されず全額自己負担となる。

要支援者が利用することができるのは居宅介護サービスのみで，施設介護サービスは利用することはできない。要支援者にも区分支給限度基準額は定められている。

福祉用具購入や住宅改修といったサービスは，一旦全額を支払ったうえで償還を受けるものである。要介護度や利用回数，利用上限額などが定められているので，事前にケアマネジャーや保険者と相談をしなくてはならない。

このほか住み慣れた地域での生活を支えるために，身近な市町村で提供されることが適当とされるものを，2006（平成18）年から地域密着型サービスとして各市町村が指定をしている。小規模多機能居宅介護や認知症対応型共同生活介護（グループホーム）など小規模なサービスが多く，原則としてサービス提供事業所のある市町村民しか利用することはできない。

第Ⅰ部　生活を守る理念としくみ

介護報酬

　介護保険におけるサービス費用は，３年に１度改正される介護報酬で定められる。医療保険における診療報酬と同様，改正内容は国のめざすべき方向性などが毎回示されている。また単に費用を定めるだけではなく，サービス内容について保険適用の適否など細かい解釈が述べられている。

高額介護サービス費

　１か月に支払った介護サービス費用が，一定額を超えた場合，高額介護サービス費支給制度により，超えた金額が支給される。個人としてだけではなく，夫婦など世帯で複数の者がサービスを受けた場合は，合算して基準額を超えれば支給される。

　食事代や施設における居住費など，保険適用外の金額は支給対象とはならない。

　このほか支払った医療費と介護費用を１年間分（８月分から翌年７月分まで）合算し，国の定める基準額を超えていればその超えた金額を支給される，高額介護合算療養費という制度もある。

注
(1)　1945（昭和20）年12月，連合国軍総司令部（GHQ）から，緊急食料対策の資料とするため，一般住民の栄養調査を実施すべき旨の指令が発せられ，東京都内の栄養調査が行われた。1946（昭和21）年，厚生省公衆保健局（1948年から公衆衛生局）に栄養課が新設され，国民に対する栄養改善指導，集団給食指導，国民栄養調査などが実施された。1949（昭和24）年11月，栄養改善普及運動が実施され，今日まで継続している。1952（昭和27）年，栄養改善法が制定され，各種栄養改善施策が法的根拠のもとに実施された。
(2)　終戦直後のわが国は，社会情勢の悪化などから急性感染症が大規模に流行した。このため，厚生省では，連合国軍総司令部（GHQ）の強い指示もあって，緊急感染症対策として行政措置による予防接種を広範に実施することとした。1946（昭和21）年から1947（昭和22）年にかけて行われた腸チフス・パラチフスの予防接種の

第1章　医療保障

徹底によって，その患者発生件数は激減した。1948（昭和23）年6月には「予防接種法」が制定され，天然痘（痘瘡）・百日せき・腸チフス等の12の疾病について予防接種を受けることが義務づけられた。1951（昭和26）年には新「結核予防法」が制定された。

(3)　現在利用者負担は1割負担または2割負担であるが，2018（平成30）年8月よりさらに一定以上の所得のある者については，3割負担が導入されることになった。これにより2018年8月以降は所得によって，1割負担，2割負担，3割負担の3段階となる。

参考文献

藤澤良知・原正俊（2013）『新公衆栄養学』第一出版。

厚生労働省「平成25年度　国民医療費の概況」1 。

厚生労働省「平成25年度　国民医療費の概況」調査情報担当室　大谷敏彰（2012）「我が国の医療費の現状——医療を巡る問題を考える（1）」『経済のプリズム』No. 105，11月号。

厚生労働省（2014）『平成26年版　厚生労働白書』日経印刷。

厚生労働省（2015）『厚生労働白書　平成28年版』日経印刷。

政策統括官付社会保障担当参事官室（2008）「厚生労働省政策レポート　戦後社会保障制度史」（http://www.mhlw.go.jp/seisaku/21.html，2017.3.31）。

社会福祉士養成講座編集委員会編（2014）『社会保障（第4版）』中央法規出版。

社会保険研究所（2016）『社会保険のてびき　平成28年度版』社会保険研究所。

シルバー産業新聞（2015）『介護報酬ハンドブック（2015年版）』シルバー産業新聞社。

読者のための参考図書

木村憲洋・川越満（2016）『イラスト図解医療費のしくみ　診療報酬と患者負担がわかる（2016-2017年版）』日本実業出版社。

　　——医療機関や個々の医療行為など医療費の初歩から学ぶことができる。

NPO法人日本医療ソーシャルワーク研究会（2016）『医療福祉総合ガイドブック 2016年度版』医学書院。

　　——医療ソーシャルワーカーにとって必要な社会資源についてまとめた書籍で，法律や制度改正に対応して毎年出版されている。

第2章

診療報酬制度

　わが国の国民は，国民皆保険制度のもと，原則，何らかの公的医療保険（保険者）に加入している。加入者（被保険者・被扶養者）は，業務上の災害・疾病以外の病気やケガをした場合に，公的医療保険を利用して保険医療機関を受診する。そこで行われた保険診療の対価（医療費）を診療報酬と呼んでいる。診療報酬は，患者一部負担金（1〜3割）を除き，各人が加入している公的医療保険（保険者）から保険医療機関に支払われることになっている。本章の第1節では，保険診療のしくみや診療報酬の点数構成について解説する。また，第2節では，高度急性期，急性期，回復期，慢性期，在宅医療へと医療の機能分担が進むなかで，その連携の調整や，退院に向けての支援計画の作成，看護師等との共同でのカンファレンスの開催など，退院支援業務を担う，社会福祉士や精神保健福祉士に対する診療報酬上の評価や役割について述べる。

1 社会保険診療報酬のしくみ

保険診療のしくみ

　保険医療機関（病院・診療所・保険調剤薬局等）の診療報酬（医療費）は，患者一部負担金（1〜3割等）を除き，加入している各医療保険者や公費負担医療[(1)]（税金等[(2)]）から支払いを受け取ることになっている。ただし，現在のところ請求側の保険医療機関と支払側の保険者との間で直接やり取りが行われている訳ではない（一部，直接請求を行っているところもある）。保険医療機関と保険者との

第 2 章　診療報酬制度

図 2 - 1　保険診療のしくみ

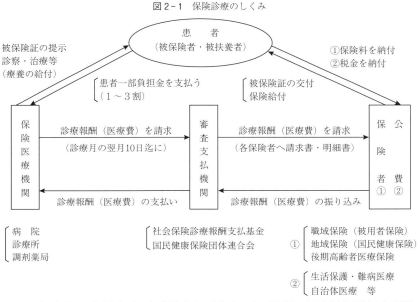

出所：全国保険医団体連合会（2016）『保険診療の手引（2016年 4 月版）』，全国保健医団体連合会「保険診療の理解のために」近畿厚生局指導監査課発行資料を参考に筆者作成。

間には審査支払機関である社会保険診療報酬支払基金（被用者保険を取り扱う）並びに国民健康保険団体連合会（国民健康保険・後期高齢者医療制度を取り扱う）[(3)]が設けられており，保険医療機関から請求された診療報酬は，この両機関を通じ，各保険医療機関に支払われることになっている。

　具体的には，保険医療機関は，診療月の診療報酬を翌月10日までに両機関に請求を行い，請求されてきた診療内容は，両機関において審査が行われたのち支払額が決定されることになる。決定された支払額は，同機関により各保険者に対し，請求書，明細書ともに送付される。保険者は，送付されてきた請求書，明細書の内容を確認のうえ，両機関へ診療報酬を振り込むことになる。各保険医療機関への診療報酬の支払いは，各保険者から払い込みを受けた両機関より支払われる（図 2 - 1 ）。

第Ⅰ部　生活を守る理念としくみ

図2-2　診療報酬の配分

＊たとえば，保険医療機関を受診し，医療費の総額（10割）が10,000円の場合

【診療内容の内訳】　※1点単価＝10円

初診料　　　　282点×10円＝　2,820円
投薬料　　　　100点×10円＝　1,000円
注射料　　　　118点×10円＝　1,180円
処置料　　　　300点×10円＝　3,000円
画像診断料　　200点×10円＝　2,000円

合　計　　　1000点×10円＝10,000円

（医療保険からの給付）	（患者の窓口一部負担）
7,000円（7割給付）	3,000円（患者窓口負担3割）
8,000円（8割給付）	2,000円（患者窓口負担2割）
9,000円（9割給付）	1,000円（患者窓口負担1割）

出所：診療報酬の規定をもとに筆者作成。

診療報酬

　診療報酬とは，患者が保険医療機関である病院や診療所などを受診したとき
に，保険医療機関（病院・診療所）および保険調剤薬局が保険医療サービスの
提供に対する対価として受け取る報酬であり，保険医の技術料などの本体部分
と，薬価基準に収載されている薬剤の薬価部分や特定保険医療材料の材料費部[4]
分等から構成されている。診療報酬は，1点の単価を10円とし，厚生労働大臣
の定めた診療報酬点数表の算定方法にもとづいた点数に乗じて算出される（図
2-2）。また，入院医療を行っている患者には，入院時食事療養費あるいは，
入院時生活療養費[5]（療養病棟に入院している65歳以上の患者）として患者の病状に
応じた食事（常食・特別食等）が提供される。これらの費用についても医療費の
患者一部負担金同様に，入院時（食事療養あるいは生活療養）標準負担額として
食材料費相当の負担および入院時生活療養費に関しては，食材費以外に1日当
たりの光熱水費としての負担をも求めている。1食当たりの単価が決められて
おり，患者が支払う標準負担額は，所得に応じて異なった負担額が設定されて
おり，入院時食事療養費・生活療養費についても保険給付の対象になるため，

30

第2章　診療報酬制度

表2-1　入院時食事療養費・生活療養費の配分

＊一般所得の患者で1日3食提供の場合

入院時食事療養費640円／食×3食＝1,920円
※保険給付額1,920円－1,080円＝840円　※標準負担額360円／日×3食＝1,080円
△入院時生活療養費554円／食×3食＋398円／日＝2,060円
※保険給付額2,060円－1,750円＝310円　※標準負担額460円／食×3食＋370円／日＝1,750円

注：2017年10月時点で設定されている金額である（△医療の必要性の低い者の場合）。
出所：診療報酬の規定をもとに筆者作成。

患者が支払う標準負担額以外は，保険から給付されることになっている（表2-1）。診療報酬の配分は，患者が保険医療機関の窓口で支払う一部負担金や食事療養費・生活療養費の標準負担金と保険医療機関が保険者に対し診療報酬の請求を行い，保険給付される報酬とに分けられる。厚生労働省は，おおむね2年に1度，内閣が決定した改定率を前提として中央社会保険医療協議会（中医協）における諮問，答申を経て診療報酬の改定を行っている。[6]

診療報酬点数表

　一般に，診療報酬点数表は，医療行為ごとの価格表であり，医科点数表（医科診療）・歯科点数表（歯科診療）・調剤点数表（調剤薬局）に大別される。またほかに診断群分類点数表（DPC点数表：Diagnosis Procedure Combination）として，いわゆる急性期病院における入院医療を診断群別に包括的に評価したものがある。基本的に保険医療機関の療養において要する費用（診療報酬）は，これら点数表をもとに算定されることになっている。ここでは，医科診療報酬点数表の構成について解説している。

　医科診療報酬点数表は，健康保険法・高齢者医療確保法にもとづき規定されている。共済組合（公務員等）など健康保険法以外の被用者保険や地域保険である国民健康保険法あるいは，生活保護法などの公費負担医療においても適用されることになっている。

　医科診療報酬点数は，第1章「基本診療料」，第2章「特掲診療料」，第3章「介護老人保健施設入所者に係る診療料」，第4章「経過措置」で構成されてい

31

第Ⅰ部　生活を守る理念としくみ

表2-2　医科診療報酬点数表の構成

第1章　A基本診療料	
【第1部】 A 基本診療料（入院外） 　　初診料 　　再診料 　　外来診療料	 初めての診療に対する報酬 2回目以降の診察に対する報酬 ただし，診療所・一般病床200床未満の病院で算定 2回目以降の診察に対する報酬 ただし，一般病床数が200床以上の病院で算定
【第2部】 A 基本診療料（入院） 　　入院基本料 　　特定入院料 　　短期滞在手術等入院料	 入院医療を行った場合に行われる医学管理，看護等の提供に対する報酬
第2章　B～N特掲診療料	
【第1部】 B 医学管理等	生活習慣病等，特定の疾患に対する医学的な管理や指導（運動・食事療法等）を行った場合等に対する報酬
【第2部】 C 在宅医療	通院が困難な患者の自宅等を訪問して行われる医療行為や，在宅においての療養（在宅酸素法指導管理料・在宅自己注射指導管理料）が行われた場合に対する報酬
【第3部】 D 検　　査	血液や尿・糞便等の検体を採取して行う検体検査，組織，細胞診を採取して行う病理検査あるいは，心電図や脳波検査等の生体検査を行った場合に対する報酬
【第4部】 E 画像診断	単純撮影・造影剤使用撮影・特殊撮影・乳房撮影および核医診断料やコンピューター断層撮影診断料（CT・MRI等）を行った場合それに伴う診断料や薬剤料・特定保険医療材料料等に対する報酬
【第5部】 F 投　　薬	内服薬・頓服薬・外用薬の薬剤料並びに医師や薬剤師の技術料に対する報酬
【第6部】 G 注　　射	皮下・筋肉注射，静脈注射，点滴注射等に係る薬剤料並びに医師や看護師等の技術料に対する報酬
【第7部】 H リハビリテーション	医師の指示のもと理学療法士や作業療法士がリハビリテーションを行った場合に対する報酬
【第8部】 I 精神専門療法	精神疾患に罹患している患者に行った専門的な療法（精神療法や精神科作業療法等）
【第9部】 J 処　　置	創傷に対する消毒や湿布等点数表に定められている処置を行った場合の技術料および使用した薬剤料・特定保険医療材料料に対する報酬
【第10部】 K 手　　術	点数表に定められている手術を行った場合の医師の技術料および手術医療器等加算，薬剤料，特定保険医療材料料また輸血を行った場合の技術料および薬剤料，特定保険医療材料料に対する報酬
【第11部】 L 麻　　酔	手術時に行われる麻酔に対する技術料・管理料および薬剤料，特定保険医療材料料，神経ブロックが行われた場合の技術料および薬剤料，特定保険医療材料料に対する報酬

第 2 章　診療報酬制度

【第12部】 M 放射線治療	放射線治療を行った場合の治療管理・実施料および材料料に対する報酬
【第13部】 N 病理診断	採取した組織や細胞診から顕微鏡標本が作製され，標本をもとに病理診断が行われるこれら一連に対する作成料，診断・判断料および検査の診断穿刺・採取料，薬剤料，特定保険医療材料料に対する報酬
第 3 章　介護老人保健施設入所者に係る診療料	
介護老人保健施設には常勤医師が配置されているため，病状が安定している入所者に対しては，介護老人保健施設の常勤医師が対応可能であることから，介護老人保健施設の入所者を他の保険医療機関の保険医が診療する場合には保険請求上の制約が設けられている。	
第 4 章　経過措置	
診療報酬の算定方法の規定にもかかわらず一定の期間に限りあるいは，当分の間算定できるものの項目を定めている。	

注：1)　表中のアルファベットは診療行為を分類する区分番号を示している。
　　2)　一般的には，A と B～N を合わせて算定することになる。
出所：ヘルスケア21研究会（2016）『保険診療ルール BOOK 2016-17年版──療養担当規則の完全読解と保険診療80カ条』医学通信社を参考に筆者作成。

る（表 2 - 2）。「基本診療料」は，保険医療機関を受診した場合に算定される初診料や再診料，入院した場合に算定される入院料があり，保険診療行為において原則必ず算定される基礎となる点数である。「特掲診療料」は，投薬，注射，検査，画像診断など13部で構成されており，それぞれの診療行為ごとの点数が定められている。ゆえに診療報酬は原則，算定の決まりごとにしたがって「基本診療料」と「特掲診療料」を組み合わせて算定することが一般的である。たとえば，初めて受診した患者に対し，検査と画像診断（レントゲン撮影）を行った場合，「基本診療料（初診料）」＋「特掲診療料（検査料＋画像診断料）」を算定することになる。

　　薬価基準

　薬価基準とは，保険医療機関において保険診療で使用できる医薬品の品目と公定価格を決めたものであり，保険医療機関は使用薬剤料を請求する場合，この薬価基準に収載されている価格において保険者に請求することになる。公定価格である薬価は，診療報酬の改定とともにおおむね 2 年に 1 回改定が行われているが，現在，薬剤の市場拡大により，一定の品目については，少なくとも

第Ⅰ部　生活を守る理念としくみ

年1回，薬価を見直すことが検討されている。既収載医薬品の薬価の決定にあたっては「薬価調査」を行っている。すなわち，保険医療機関や保険調剤薬局が，薬の卸業者からどのくらいの価格で薬を購入しているかを薬価基準に収載されている全部の医薬品について調査を行い，薬価算定方式をもとに薬価が決定される。新医薬品については既に同じ効能をもつ医薬品がある場合と類似品がない場合によって薬価算定方式が異なる。

　請求側である保険医療機関は，できるだけ医薬品を請求金額である公定価格より安価で購入しようと価格交渉を行う。その交渉努力により生じた差益，これを「薬価差益」と呼んでいる。薬価改定が行われる目的は，薬価を引き下げることにより，「薬価差益」の縮小を行うことである。また，保険診療に係る[7]医薬品の請求は，非課税対象になっているが，医薬品の購入に係る費用は課税対象になっている。このアンバランスな課題については，現在も議論が行われている。

　薬剤に係る診療報酬の請求は，点数によって行われるが，医薬品については円単価で薬価収載されているため医薬品を請求する際には，円単価をいったん，点数化して算定することになる。薬剤点数の算定ルールは，薬価が15円以下の[8]場合は1点，15円を超える場合は，10円またはその端数を増すごとに1点加算されることになる。

出来高払い

　診療報酬の算定は原則出来高払いである。いわゆる診療報酬点数表の規定にもとづき，行われた医療行為の内容等に応じて保険点数を足した合計を請求することになる。つまり薬を出せば出すほど，検査をすればするほど医療費が増えるしくみになっている。しかし実際は，1日あたりにおける処置の算定回数が制限されるものや，実施される診療行為の同時算定不可等，算定制限が規定されており，医療行為すべてが請求できる訳ではない。出来高払いの利点としては，医療機関で行われた医療行為すべてを算定できるため，特に重症な患者に対しても状態に応じた医療行為を躊躇なく行えることになる。逆に，医療行

第 2 章　診療報酬制度

為を行えば行うほど医療費が増えていくため，過剰診療や濃厚診療につながる
おそれがあると懸念されている面もある。

　　包括払い

　出来高払いとはちがい，行われた医療行為すべてが保険請求できるのではな
く保険点数が定められている医療行為を行ったにもかかわらず，そのなかでい
くつかの診療報酬をまとめていくらと一定の支払金額が決められている支払い
方式を包括払いと呼んでいる。

　包括払いは，外来医療，入院医療における急性期医療，慢性期医療にも導入
されており，外来医療では高齢者医療や小児医療といった比較的過剰・濃厚診
療につながりやすい，あるいは，生活習慣病と呼ばれる慢性疾患患者等に診療
報酬の包括点数が設定されている。入院医療の急性期においては，2003年4月
より DPC／PDPS（Diagnosis Procedure Combination/Per-Diem Payment System）＝
「診断群別包括支払い制度」というものが実施され，現在は，民間病院を含め
た多くの一般病床において DPC の算定が行われている。

　DPC／PDPS の診療報酬の算定はすべて包括されているのではなく，包括評
価部分（ホスピタルフィー的要素：入院基本料・1,000点未満の処置等）＋出来
高評価部分（ドクターフィー的要素：手術料・病理診断）＋入院時食事療養費
の総額で請求することになる（図2-3）。また，慢性期医療では，療養病棟入
院基本料や特定入院料において包括払いの診療報酬が導入されている。たとえ
ば，療養病棟の算定においては，医療区分の評価（医療区分3〜1）と ADL
（日常生活動作）区分の評価（ADL 区分3〜1）により1日あたりの入院基本料
の診療報酬が決定される（表2-3）。その入院基本料に含まれる項目として，
薬剤料，注射料，検査料，画像診断料等（一部出来高算定可）の包括評価部分が
あり，出来高評価部分である手術料やリハビリテーション料等が施行されると，
合わせて算定することになる（表2-4）。このように包括払いの場合は，多く
の薬剤の処方や，さまざまな検査等を施行しても，その項目が包括項目であれ
ば，出来高で請求できないため医療費が増えていくことはない。そのため，過

第Ⅰ部　生活を守る理念としくみ

図2-3　DPC／PDPS における診療報酬のしくみ

DPC ／ PDPS における報酬総額＝

診断群分類による包括評価　　　　　　　出来高評価
（ホスピタルフィー的要素）　＋　（ドクターフィー的要素）　＋　入院時食事療養費

診断群分類
ごとの1日　×
あたり点数

医療機関別係数
機能評価係数Ⅰ
＋
機能評価係数Ⅱ　　×　入院日数　×10円
＋
基礎係数
＋
暫定調整係数

診療報酬で定め
られている出来
高点数を算定
※手術料・病理診断等

※入院基本料・1,000点未満の処置等

出所：ヘルスケア21研究会（2016）『保険診療ルール BOOK 2016-17年版──療養担当規則の完全読解と
　　　保険診療80カ条』医学通信社，医学通信社編（2016）『DPC 点数早見表（診断群分類樹形図と包括
　　　点数・対象疾患一覧）』医学通信社を参考に筆者作成。

表2-3　療養病棟における入院基本料算定方法のマトリックス

評価区分	医療区分3 （酸素療法を実施 中心静脈栄養を実施等）	医療区分2 （神経難病患者 肺炎患者等）	医療区分1 （医療区分3・2 以外の患者）
ADL 区分3 23点以上	入院基本料A	入院基本料D	入院基本料G
ADL 区分2 11〜22点	入院基本料B	入院基本料E	入院基本料H
ADL 区分1 10点以下	入院基本料C	入院基本料F	入院基本料Ⅰ

注：1)　1日あたりの入院基本料の単価は，高い順からA＞B＞C＞D＞E＞F＞G＞H＞Ⅰ順に
　　　なっている。
　　2)　ADL 区分はベッド上の可動性・移乗・食事・トイレの使用について 0 〜 6 点の範囲で支援
　　　レベルの評価を行う。
出所：全国保険医団体連合会（2016）『保険診療の手引（2016年 4 月版）』全国保険医団体連合会を参
　　　考に筆者作成。

表2-4　療養病棟における診療報酬のしくみ

（入院基本料A〜Ⅰ） 包括評価部分 薬剤料，注射料，検査料，画像診断料等	出来高評価部分
	手術料やリハビリテーション料等
入院時食事療養費 or 入院時生活療養費（療養病棟に入院している65歳以上の患者）	

出所：表 2 - 3 と同様。

剰診療と思われるような必要性の乏しい検査や，薬の使用を抑えられる効果が期待されている一方，医療行為が包括されていることにより保険請求ができないため，十分な治療をしてもらえないのではないかという過少診療について心配されている面もある。

審査支払制度

保険医療機関で行われた医療費の請求は，患者一部負担金（1〜3割負担）を除いた医療費請求を行うため，診療月の翌月10日迄に支払審査機関である社会保険診療報酬支払基金（支払基金）並びに国民健康保険団体連合会（国保連合会）へ請求を行う。医療機関より提出された診療報酬明細書（レセプト）は，両機関において請求内容が適切に行われているかの審査が行われる。すなわち，請求した医療費が，そのまま医療機関に振り込まれるわけではない。審査は最初に，たとえば，患者が加入している健康保険証の記号番号や受給者番号記載の誤りや，請求先の保険者の資格がすでに喪失されていないかの確認等の事務的なチェックが行われる。この時点で不備がある明細書については請求元の医療機関に差し戻して，不備についての内容照会を行う（返戻）。また，両機関には，審査委員会が設置されており，同委員会内に①医師会等から推薦を受けた診療担当者を代表する者，②保険者を代表するもの，③学識経験者等の審査委員で構成されている。審査委員は，診療報酬点数表や療養担当規則等保険診療のルールに照らして審査を行い，請求内容が認められない場合は，請求点数から減点されることになる（査定）。査定が行われた場合は，医療機関へ「増減点連絡書（支払基金）」や「増減点通知書（国保連合会）」が送付される。診療報酬を支払う保険者の再審査請求での査定が行われた場合は，「再審査等支払調整額通知票（支払基金）」，「再審査過誤連絡票（国保連合会）」が通知される。ここでいう再審査請求とは，支払審査機関へ査定された内容について異議を申し立てることである。医療機関側は減点された内容の復点を求めて，保険者側は請求された内容の査定のために申し立てを行う。医療機関への医療費の支払いは，これら審査を経て振り込まれることになる（図2-4）。

第Ⅰ部　生活を守る理念としくみ

図2-4　審査支払のしくみ

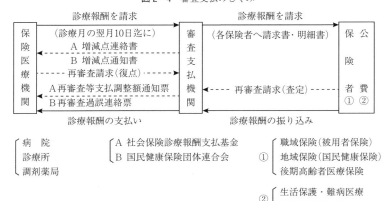

出所：全国保険医団体連合会（2016）『保険診療の手引（2016年4月版）』全国保険医団体連合会「保険診療の理解のために」近畿厚生局指導監査課発行資料を参考に筆者作成。

2　診療報酬と専門職

診療報酬が規定する専門職の機能

　医師の行う「診療」のうち，保険診療の対価として定められているものを「診療報酬」といい，その内容は前節で述べている。診療報酬には医師が行う診療行為以外に医師の指示のもと，たとえば理学療法士や薬剤師といった医療系専門職が行う行為についても細かく規定している。リハビリテーションであれば，それを行う資格者やその記録の様式，実施時間や上限回数，具備すべき訓練室の器具やその面積など，「報酬」だけではなく，その「報酬」を算定するために必要な「人的および設備要件」を定めている。

　診療報酬は2年ごとに改正されている。「医薬分業」推進のために薬剤師が，「在宅介護」推進のために看護師（訪問看護）が，など医療機関（特に病院）で働く専門職は国の政策誘導によってその役割が変化しているものもある。

第 2 章　診療報酬制度

医療ソーシャルワーカーの役割と社会福祉士

　診療報酬に規定されていないものは「報酬」とならない。病院における医療ソーシャルワークの機能も，長い間診療報酬のうえで規定されていなかった。

　医療ソーシャルワーカーは，身元不明の方の救急搬送や無保険，経済的困窮者などの「受療支援」，退院後の受け入れ先について社会資源の調整といった「退院支援」など，患者の治療と生活を支えるための支援を行っている。しかし診療報酬にその資格や要件についての規定がないため，医療ソーシャルワーカーは事務職と兼務のところも多く，同じ専門職としての認知が進まなかった。

　1990年代になってから急性期病院では平均在院日数の短縮に迫られる一方，地域の診療所などとの連携が求められるようになった。また，日本医療機能評価機構による病院の第三者評価が広まり，患者サービスへの取り組みが求められた。そうして「受療支援」「退院支援」にあたる職員を専任化し，専門知識をもつ社会福祉士を配する急性期病院が増えていった。

　その後，診療報酬では，患者サービスの一環として社会福祉士を含めた相談援助の有資格者を配することでの点数化（患者サポート体制充実加算）や，退院支援など実際に相談援助を行ったことに対する点数化（退院支援加算）がされた。また在宅介護を担うケアマネジャー等との連携が点数化（介護支援連携指導料）されると，医療機関側の窓口として社会福祉士を配した「地域連携室」などがとりわけ急性期病院に設けられるようになった。

　特に在宅介護を支えるケアマネジャーにとって，要介護者の病状の把握は必要であり，医療機関側の連携窓口に高齢者の福祉を理解する社会福祉士がいることは，連携をとるうえで心強い。診療報酬で点数化されたことで，医療ソーシャルワーカーは地域包括ケアにおける医療機関側の重要な連携窓口として大きな責任をもち，社会的認知が進むことが期待される。

社会福祉士の配置と診療報酬

　社会福祉士を配置することで医療機関が評価されている項目と，社会福祉士が取り組む行為によって評価がされている項目がある。

39

第 I 部　生活を守る理念としくみ

　前者は専任の看護師や社会福祉士等を配し，患者からの相談に対応できる体制が整っている医療機関には，病棟の種類を問わず各々の入院料の初日に「患者サポート体制充実加算」が算定される。現に「医療相談室」など社会福祉士等が患者家族の療養上の問題についての相談援助を行っている病院の多くが該当する。

　後者は「退院支援」である。入院早期より退院に向けた取り組みを，直接それを担う社会福祉士や看護師だけではなく，院内多職種が連携して取り組むことを評価している。また地域の医療機関や介護事業所との間に退院後の在宅支援体制を築くことも評価している。

病院の機能分化と退院支援

　以前はひとつの疾患をひとつの病院で完結する入院医療が行われていた。しかし国は病院の機能分化を推し進め，今日の病院は急性期，亜急性期，回復期，慢性期と各々の特性をもち，病院間での連携が行われている。地域によっては脳卒中や大腿骨頸部骨折など特定の疾患において「地域連携クリティカルパス」という明文化された連携が病院間で行われている。

　医療費削減のために，国は急性期病院に対して，「平均在院日数の短縮」と「在宅復帰率の新設と厳格化」（退院患者に占める自宅等への退院患者の割合）を促している。

　しかし患者にしてみれば，急性症状は治ってもその後の療養や地域での生活に大きな不安をもっている。その不安を解消するような「退院支援」が必要である。

退院支援と診療報酬

　診療報酬において退院支援は，入院料に対する「退院支援加算」というかたちで評価されている。診療報酬では専任および専従での社会福祉士と看護師の配置を求めている。

　地域の医療機関との「病病連携」や「病診連携」，また地域のケアマネジャーなどとの連携に，これまでも医療ソーシャルワーカーは取り組んできた。

40

2016（平成28）年の診療報酬改定では，退院後の患者の治療や生活を支えるこれら関係機関との日常的な情報共有も求めている。またこのほかに入院中の要介護認定を受けている患者を担当するケアマネジャーに，退院後の生活について療養上の指導を病院の社会福祉士や看護師が行った場合は「介護支援連携指導料」を算定できる。

　診療報酬における退院支援には，①社会福祉士と看護師でひとつの部署を構成し，院内多職種での情報共有にもとづいたアプローチが必要とされること。さらに退院後の医療・福祉（介護）サービス利用のためには，②日常的に地域の医療機関や介護事業所との関係構築に努める，この2つが求められている。

退院支援における院内と院外との「連携」

　病院の機能分化が2年ごとの診療報酬改定で鮮明になり，急性期病院には平均在院日数の短縮や重症度医療看護必要度の厳格化，在宅復帰率（自宅退院率）の導入がされた。慢性期病院には医療区分が導入され，医学的管理の必要な患者の入院しか認めず，自宅への退院支援が一層求められている。一方で2000（平成12）年の介護保険導入後，ケアマネジャーや介護事業所が地域に広がり，退院した要介護高齢者を地域で支える体制もできつつある。

　医療と福祉の連携とよくいわれるが，要介護高齢者の地域での生活を支えていくためには，病院の側にも役割が求められている。これまで病院の側には退院後の生活を支えていくという視点は乏しく，また支えているケアマネジャーや介護事業所との連携の窓口も少なかった。しかしこれら社会福祉士を配する項目が診療報酬に規定されることで，「地域連携室」といった「連携」の機能をもつ部署を有する病院が増えている。

　もちろんその「連携」には，外部とだけではなく院内の他職種と多職種での「連携」をも意味している。

　さまざまな病院の専門職のなかで「生活」を意識している医療ソーシャルワーカーこそが最も「連携」の必要性を理解しているといえるだろう。患者が退院後地域で安心して生活をしていくために，院内のスタッフが連携をし，も

第Ⅰ部　生活を守る理念としくみ

ちろん地域の開業医や地域包括支援センター，介護事業所との連携も築かなくてはならない。その病院内と地域の資源との接点に，社会福祉士が配されている意味がある。

　「退院支援加算」を算定している病院での具体的な「退院支援」については，次に述べる。

退院支援にかかわる社会福祉士

　退院支援にかかわる適切な人員配置をしている病院には，入院料に「退院支援加算」という項目が，診療報酬に規定されている。その加算のなかで最も高い基準である「退院支援加算1」においては，地域連携室などの退院支援部門に，専従・専任で社会福祉士と看護師を各1名以上配し，さらに2病棟に1名以上の社会福祉士または看護師を専任で配しなければならない。これらのスタッフが新入院患者から，①3日以内に，退院困難な要因（単身者・高齢者・再発が多い疾患など）をもつ患者を抽出し，②7日以内（療養病床は14日以内）に，患者・家族と話し合いをし，③同じく7日以内に，院内多職種によるカンファレンスを実施する。さらに④地域の医療機関や介護事業所との連携構築のために，20か所以上の医療機関や事業所と年3回以上面会のうえ，情報を共有する。また，⑤先に述べた入院患者を地域に帰すためにケアマネジャーに情報提供をする「介護支援連携指導料」を病院100床あたり年15回（療養病床は年10回）以上算定することが求められている。こうした①から⑤をすべて満たす退院支援にかかる院内の体制，そして外部との連携構築を築く役割の中心に，医療ソーシャルワーカーたる社会福祉士がいることになる。

　相談室で患者からの相談を待つだけではなく，新入院患者を毎日チェックし，患者や家族と早期に関係をつくり，院内多職種との情報共有を行うことで退院を支援する。また退院後の医療介護サービスの利用などの連携を常に意識し，他機関を訪問して関係構築を行う。日々の要介護者の退院には，本人や家族に加えケアマネジャーへの情報提供も社会福祉士の業務である。

　従来の「退院調整加算」という項目が，2016（平成28）年から「退院支援加

第 2 章　診療報酬制度

算」と名称が変わっている。真の「退院支援」のためには，院内・院外との日常的な連携が求められている。

精神保健福祉士の配置と診療報酬

　社会福祉士が一般病棟や療養病棟等を有する病院等で医療ソーシャルワークを行う一方で，精神保健福祉士は精神病棟を中心に精神医療の分野で活動をしている。

　診療報酬において精神保健福祉士も配置することで病院としての評価がされている項目と，精神保健福祉士が取り組む行為によって評価されている項目がある。

　前者は，精神病棟または精神療養病棟において，早期退院を目的として精神保健福祉士が「病棟専従」で配置された場合，各々の入院料に「精神保健福祉士配置加算」がされる。

　このほか特定機能病院等の一般病棟において，抑うつや自殺企図など精神科専門医療を要する入院患者に対して，精神保健福祉士を含めた多職種からなる「精神科リエゾンチーム」をつくって対応している場合，入院料に「精神科リエゾンチーム加算」がされる。

　一方後者は地域で暮らしている精神疾患を有する患者に対して，精神科医の指示を受けた精神保健福祉士の取り組む行為に対する評価がある。最も多いのが「精神科訪問看護指導料」であり，看護師だけではなく，作業療法士や精神保健福祉士が自宅などを訪問し，療養上必要な指導を行った場合も評価される。

　また精神科医の指示を受け，再発兆候への対処技能，対人関係保持能力獲得といった病状改善や社会復帰のための治療である「入院生活技能訓練療法」「入院集団精神療法」「通院集団精神療法」においても，精神保健福祉士は他職種とともに取り組むことで評価される。

　もちろん退院支援での評価もある。「精神科退院前訪問指導料」は退院前に患家や施設または小規模作業所等に，精神科医またはその指示を受けた精神保健福祉士等が訪問し，必要な調整や療養上の指導を行うことへの評価である。

43

第Ⅰ部　生活を守る理念としくみ

「精神科退院指導料地域移行支援加算」は，入院が1年を超える精神科の患者に対して，精神科医師と精神保健福祉士等が共同で退院後に必要な保健医療福祉サービスに関する計画を策定・指導した際の評価である。

　このように精神保健福祉士は，退院支援の場面だけではなく精神科の治療行為において他職種とともに患者の社会復帰に資することを，診療報酬のなかで定めている。

　注
(1)　健康保険料の徴収や保険給付を行う運営主体を「保険者」という。健康保険料を支払い，保険給付を受ける人やその扶養者を「被保険者」という。
(2)　社会福祉施策である生活保護法による医療扶助，児童福祉法等，公衆衛生施策である精神保健福祉法（措置入院），障害者総合支援法（精神通院医療）等による医療費給付がある。
(3)　「社会保険診療報酬支払基金（支払基金）」とは職域保険からの委託を受けている審査支払機関である。「国民健康保険団体連合会（国保連合会）」とは市区町村および国民健康保険組合（医師国保等）からの委託を受けている審査支払機関である。
(4)　副木材料・皮膚欠損用創傷被覆材等保険診療に用いられる医療用具・材料。
(5)　介護保険施設に入所している利用者とのバランスを図るために創設。
(6)　診療報酬の改定に係る審議，提案を行う諮問機関。
(7)　国側は，医療機関が支払っている消費税については，診療報酬上で保障していることを主張している。
(8)　薬剤Aの薬価15円の場合は1点，薬価15円10銭あるいは薬価20円の場合は2点
(9)　日常生活を送るうえで欠かすことのできない行動動作（食事，着替え，排泄，入浴など）。
(10)　クリティカルパスとは，良質な医療を効率的で安全かつ適正に提供するための手段として開発された診療計画書のことで，1990年代以降多くの日本の急性期病院において導入されている。根拠に基づく医療の実施（EBM），インフォームドコンセントの充実，チーム医療の向上などの効果が期待される。これを地域の複数の医療機関に広げたものを地域連携クリティカルパスという。脳血管障害や大腿骨頸部骨折などの患者が，早期に自宅に帰れるように，急性期病院・回復期病院など複数の医療機関が役割分担をした診療計画書を作成し，患者に説明を行う。都道府県二次医療圏域や市郡医師会レベルなどでつくられているところが多い。地域の医療機関

の連携によって患者が安心して医療を受けられることをめざしている。

参考文献

ヘルスケア21研究会（2016）『保険診療ルール BOOK 2016-17年版——療養担当規則の完全読解と保険診療80カ条』医学通信社。

医学通信社編（2016）『DPC 点数早見表（診断群分類樹形図と包括点数・対象疾患一覧）』医学通信社。

医学通信社（2016）『診療報酬点数早見表　2016年4月版』医学通信社。

健康保険組合連合会編（2010）『図表で見る医療保障』ぎょうせい。

全国保険医団体連合会（2013）『保険医のための審査，指導，監査対策——日常の留意点（第3版）』全国保険医団体連合会。

全国保険医団体連合会（2016）『保険診療の手引（2016年4月版）』全国保険医団体連合会。

読者のための参考図書

全国保険医団体連合会（2013）『保険医のための審査，指導，監査対策——日常の留意点（第3版）』全国保険医団体連合会。

　　——保険診療の審査のしくみについて，図表を用いて理解しやすく解説されている。

黒岩晴子編著／木原和美・杉山貴士ほか（2015）『人と社会に向き合う医療ソーシャルワーク』日本機関紙出版センター。

　　——医療保険や診療報酬など現在の制度について触れながら，制度を活用した事例も数多く取り上げられている。

石原ゆきえ・井上健朗（2014）『時系列でみる！　多職種協働事例で学ぶ退院支援・調整』日総研出版。

　　——退院支援における看護師とソーシャルワーカー，また院内の他職種で取り組んだ事例を紹介している。退院支援はワーカーのみでできるものではないことを学んでほしい。

ヘルスケア21研究会（2016）『保険診療ルール BOOK 2016-17年版——療養担当規則の完全読解と保険診療80カ条』医学通信社。

　　——保険診療についての概要や必要な制度・規則についてわかりやすくまとめられている。

医学通信社（2016）『診療報酬点数早見表　2016年4月版』医学通信社。

　　——具体的な診療報酬算定のしくみについて詳しく解説されている。

第5章

保健医療サービス

　わが国は，これまでに類をみない勢いで超高齢社会へと突入した。この背景として，医療サービスの充実が大きな要因であることは間違いないだろう。しかし，一方では高齢者の介護問題が大きな課題となり，医療サービスのみでは国民の健康と幸福は守れない状況になってきた。つまり，社会サービスの必要性が高まってきたのである。

　わが国の保健医療サービスは，主に医療サービスと社会サービスの2本柱によって機能している。医療サービスが充実してきた背景には，国民皆保険制度の確立があり，社会サービスの充実としては介護保険制度の確立が重要な意味をもっている。

　本章では，わが国の保健医療サービスの意義と，それらがどのように発展してきたか，特に国民皆保険制度と介護保険制度に焦点をあて解説する。

　また，現在の保健医療サービスにおける現状と課題，そしてその対応策について述べるとともに，マンパワーとしての保健医療サービスを担う専門職についても概説する。

1 保健医療サービスとは何か

保健医療サービス

　保健医療サービスとは，ヘルスケア（health care）にもとづくサービスのことである。疾病の治療や看護などの医療サービスと移送や家事援助などの社会

サービスから構成される。

　近年，疾病構造が感染症から慢性疾患へと変化し，超高齢社会の到来とともに高齢者医療の需要が高まり，保健医療サービスはキュアからケアへ総合的なケアが求められるようになってきた。

　それは，医療サービスの中心が病院から在宅へと変化してきたことも大きな要因となっている。現代社会ではノーマライゼーションの理念の浸透により，疾患や障がいがあっても住み慣れた地域で生きるというスローガンのもと，病院から在宅へと軸足が変化するなか，患者の退院とともに，「生活」を支える地域の関係機関・多職種が連携する保健医療福祉のケアシステム，ネットワークづくりが喫緊の課題となっている。つまり，社会サービスの充実が求められるのである。これまでの医師，看護師などの医療専門職に加えて，社会福祉士や介護福祉士，精神保健福祉士などの社会福祉専門職が参加する意義はそこにあるといえる。今や，社会福祉専門職の役割は，質の高い適切な保健医療サービスの実現に不可欠となっている。

保健医療サービスの目標

　保健医療サービスが果たすべき役割は究極的には「人々の幸福な暮らし」と「健康長寿の実現」である。それを支えるシステムは人々が最高水準の健康を維持し，安心と満足を得ることができる持続可能なものでなければならない。そのシステムづくりが保健医療サービスの目標である。このような保健医療サービスは，年齢，疾病や障がいの有無やレベルにかかわらず，すべての人に，自らの能力が発揮できる場を保障することや個人に応じた豊かな生活を送ることを実現させるものである。

キュアからケアへ

　超高齢社会を迎えた現在，保健医療の核となる考え方は，キュア（cure）からケア（care）へと転換してきた。ここでいうキュアとは疾病の治癒，治療など生命維持を主な目的とするもの，あるいは健康の維持や増進のための行為や

47

健康管理のことをいう。一方，ケアは，慢性疾患や障がいを抱えていても
QOL（quality of life：生活の質）を維持・向上させ，身体の健康のみならず精神
的・社会的な意味も含めた健康を保つことをめざすものである。したがってケ
アに携わる職種としては看護職や介護職が中心となるという意味でとらえてい
る。つまり，根本的治療から，QOL（生活の質）を高めるための全人的な医療
へとアプローチの方法が変化してきたこと，もう少し具体的には，医師中心の
治療から，医師・看護師・介護福祉士・社会福祉士など多領域・多職種による
チームアプローチへという意味である。ケアの語源は「悲しみをともにする」
といわれていることから，キュア中心の医療とは明らかに区別される。[2]

　しかし，ここで考えておかなくてはならないことは，キュアからケアへとの
パラダイムシフト[3]がみられる一方，医療はもともと，キュアとケアが統合され
たかたちで展開されるべきものだということである。疾病の性質や経過によっ
てはキュアが中心となることもあり，ケアが中心となることもある。その判断
を誤ってはいけない。

　ケアとケアリング

　社会福祉，介護福祉の分野においてケアは重要な概念であるが，このケアに
ついて介護福祉士の国家資格化がなされるより前に資格化されている看護師の
分野におけるケアとケアリングについて紹介する。

　ケアリングは看護において重要とされる言葉であり，現在，看護の中心的価
値，あるいは中心的概念として位置づけられている。ワトソン（Watson）は，
ケアとケアリングの意味を区別し，ケアは看護の具体的な行為であり，ケアリ
ングは態度（心の姿勢）であるとしていた。つまり，ケアリングは対象のニー
ズにただ応えるだけでなく，対象となる人にとって，看護師のある行為が対象
のためになるかどうか（対象の生命や健康，生活の質の向上，あるいは成長につなが
るか）まで判断するという看護の特性を明確にした概念といえる。

　日本看護協会では，2007年「看護にかかわる主要な用語の解説[4]」において
「看護ケア」のなかで次のように「ケア」と「ケアリング」を解説している。

「ケア」

　従来，身体的な世話を言い表す用語として主に使われてきた。身体的な世話をすることにより，対象者との相互作用が促進されたり，対象者の心身が安楽になったりすることから，「療養上の世話」もしくは「生活の支援」としてのケアに看護の独自性を見出そうとしてきた。この歴史は長く，看護職にとって重要なキーワードである。

　また，医療の中では，キュアに対して看護の特性を際立たせるために，キュア対ケアという構図で説明される場合もある。

「ケアリング」

　対象者との相互的な関係性，関わり合いや対象者の尊厳を守り大切にしようとする看護職の理想，理念，倫理的態度，そして対象者への心づかいや配慮，が看護職の一連の援助行動に示され，対象者に伝わり，それが対象者にとって何らかの意味（安らかさ，癒し，成長発達，健康状態の改善等）を持つという意味合いを含む。

　また，その関係性において，ケアされる人とケアする人の双方の人間的成長をもたらすことが強調されている。

　従来から，医師は基本的にキュア志向であり，キュアを実践するのが医師の使命として認識されてきた。この医師の意識は，キュア志向の病院医療中心から，ケア志向の在宅医療中心へと医療体制が変換することにより，大きく変化してきた。特に在宅医療を推進するためには，包括医療・ケアといった概念が中心となる。

　包括医療・ケアは保健サービス（健康づくり），在宅ケア，リハビリテーション，福祉・介護サービスのすべてを包含するもので，施設ケアと在宅ケアとの連携と住民参加のもとに，地域ぐるみの生活・ノーマライゼーションを視野に入れた全人的医療・ケアであるといえる。

第Ⅰ部　生活を守る理念としくみ

保健医療サービスをめぐる現状と展望

　今後20年間は高齢化のさらなる進展が見込まれ，保健医療のニーズは増加・多様化し，必要となるリソースも増大することが予想される。医療費に関しては，技術革新等により引き続き医療費が伸びるといわれている。高価な新薬の開発が進むなか，経済情勢の悪化による所得の落ち込み等，公的医療保険を取り巻く状況は非常に厳しくなっている。これらの人口構造や医療費の課題のみでなく保健医療を取り巻く変化として，人々の価値観や働き方，社会経済や財政の状況，テクノロジーの進歩など，さまざまな環境の変化が保健医療に関与することが考えられる。たとえば，少子高齢化や人口減少の加速により，過疎地では，生活インフラが維持できないことや都市部においては急速な高齢化が進むことで，それを支える人材の確保が困難となる。

　しかし一方で，保健医療に活用し得るテクノロジーの進展が期待できる。たとえば，体に装着して簡単に測定できるウェアラブル端末などが普及し，個人の健康情報を活用できるしくみが構築され，遠隔医療や健康に関するデータによる疾病管理・健康管理などが可能になることやがんの新たな治療法の開発，認知症の早期診断，再生医療や遺伝子治療によって多くの難病の治療法が開発されるなど医療技術のさらなる発展が見込まれる。また，看護機器，介護機器，さまざまな分野でのロボット開発などによる介護の効率化が想定される。

2　保健医療サービスのあゆみ

医療法

　わが国の保健医療サービスの実施においては，医療法が重要な位置を占める。たとえば，医療施設や医療提供のシステム化に関しては，基本法となる医療法（昭和23年7月30日法律第205号）にもとづいている。医療法は，1948（昭和23）年7月30日に公布され，施行は同年10月27日である。医療法の目的は，医療を提供する体制の確保と，国民の健康の保持にある。たとえば，病院・診療所・助産所の開設・管理・整備の方法などを定めるなど医療機関に関する法律であり，

医療施設のあり方の基本を定める法律である。

国民皆保険制度

1961（昭和36）年に全国の市町村で国民健康保険事業が始まり，「誰でも」「どこでも」「いつでも」保健医療が受けられる体制が整った。これを国民皆保険制度といい，日本の国民皆保険が達成して以来，社会保険方式のもとに，すべての国民が職業等に応じて健康保険や国民健康保険といった公的医療保険制度に加入することになった。

わが国は，国民皆保険制度を通じて世界最高レベルの平均寿命と保健医療水準を実現した。これからも現在の社会保険方式による国民皆保険を堅持し，国民の安全・安心な暮らしを保障していくことが必要である。

日本の国民皆保険制度の特徴とは，以下4点である。

① 国民全員を公的医療保険で保障。
② 医療機関を自由に選べる（フリーアクセス）。
③ 安い医療費で高度な医療。
④ 社会保険方式を基本としつつ，皆保険を維持するため，公費を投入。

介護保険制度

高齢化に伴い，介護を必要とする人のさらなる増加が予測される。しかし，一方で少子化・核家族化などにより，家族だけで介護を支えることは困難な状況にある。介護保険制度は，このような状況を背景に，介護を必要とする状態になっても安心して地域で生活が送れるよう，介護を社会全体で支えることを目的として2000（平成12）年4月からスタートした。介護保険制度は，加入者が保険料を出し合い，介護が必要なときに認定を受けて，必要な介護サービスを利用する制度である。

保健医療政策

高齢者が中心となる現代の医療では，従来の「病院完結型」から，ノーマラ

第 I 部　生活を守る理念としくみ

イゼーションの理念のもと，住み慣れた地域や在宅での生活を継続するための「地域完結型」の医療に変えていくための対策が必要となる。また，今後さらに高齢者の独居や高齢者のみの世帯が増加していくことが予測されるため，地域ごとの医療・介護・介護予防・生活支援などの継続的で包括的なネットワークが不可欠であり，地域包括ケアシステムづくりを推進していくことが求められている。

プログラム法と医療介護総合確保推進法

　医療・介護を含む社会保障制度改革の全体像と進め方は，「持続可能な社会保障制度の確立を図るための改革の推進に関する法律（プログラム法）」に規定された。

　このプログラム法にもとづく措置として，質が高く効率的な医療提供体制や地域包括ケアシステムを構築し，高度急性期から在宅医療・介護サービスまでの一連の医療・介護サービスを一体的・総合的に確保するため，2014（平成26）年6月に「地域における医療及び介護の総合的な確保を推進するための関係法律の整備等に関する法律（医療介護総合確保推進法）」が成立し，医療法，介護保険法等の関係法律の改正が行われた。

総合確保方針と地域医療介護総合確保基金

　医療・介護サービスの一体的・総合的な確保を図るため，2014（平成26）年，「地域における医療及び介護を総合的に確保するための基本的な方針（総合確保方針）」を策定した。総合確保方針では，都道府県が地域のニーズ等に即して，医療及び介護を総合的に確保するための事業の実施に関する計画（都道府県計画）を作成することとされている。

　また，都道府県計画に掲載された事業の実施を支援するため，消費税増収分を活用した地域医療介護総合確保基金を各都道府県に設置した。2016（平成28）年度予算では，医療分として904億円（うち，国分602億円），介護分として724億円（うち，国分483億円）であった。対象事業としては，医療機関の施設または，

第3章　保健医療サービス

設備の整備，介護施設等の整備，医療従事者および介護従事者の確保などがあげられる。

保健医療2035提言集

厚生労働省は，団塊世代が後期高齢者となる2025年から2035年を見据えた保健医療政策のビジョンを示すため「保健医療2035」策定懇談会を開催し，医師・歯科医師，看護師，医療従事者から意見募集を行い，「保健医療2035提言集」としてまとめた。

「保健医療2035提言集」は，国民の健康増進，保健医療システムの持続可能性の確保，保健医療分野における国際的な貢献，地域づくりなどの分野における戦略的な取り組みに関する検討を行うことを目的としている。

具体的なアクション例として，地域包括ケアに対応するために，他の専門職との連携・調整に優れたマネージメント能力をもった専門人材の育成や総合的な資格の創設（医療・看護・介護・リハビリを含めた対応が可能な職種）の検討を進め，人材不足の解消とニーズにあった雇用の創出を図ること等があげられている。

市民参画

市民参画は PI（Public Involvement）ともいわれ，計画の早い段階から市民等の関係者に積極的に情報を提供し，コミュニケーションを図りながら，市民の意見を計画に反映するという取り組みである。欧米各国では，わが国よりも以前から導入され，現在も積極的に取り組まれている。

市民参画を行うことの利点は，社会にとってさまざまなプラスの効果が期待できることである。たとえば，「計画策定手続きの透明性が高まる」「事業に関するさまざまな効果や影響が事前に説明され，確認できる」「市民の声が計画に反映されることで，計画の質が高まる」「計画の進め方の問題やボタンのかけ違いによる紛糾を防ぐ」などがあげられる。

多様なコミュニケーション手法を活用することで，対話の機会を高め，広く

偏りのない意見聴取が可能となる。また，実質的な対話の機会をより多く設けることで，賛成・反対といった立場上の意見ではなく，市民のもつ関心や懸念を深く正確に理解し，相互に共有できるようになる。

3 医療供給体制

地域医療構想の策定と医療機能の分化・連携の推進

医療・介護サービスの需要の増大・多様化に対応していくためには，対象者それぞれの状態にふさわしい良質で適切な医療を効果的かつ効率的に提供する体制を構築する必要がある。このため，医療介護総合確保推進法では，病床の機能の分化・連携を進めるとともに，地域医療として包括的に地域包括ケアシステムを構成する在宅医療・介護サービスの充実を図るための制度改正を行った。具体的には，下記のものがあげられる。

① 病床機能報告制度の創設：医療機関における病床の機能の現状と今後の方向性等について，都道府県は医療機関に報告を求め，提供されている医療の内容を把握する。

② 医療機能の分化・連携の推進：都道府県において，地域の医療の需要についての将来推計や病床機能報告制度により報告された情報等を活用し，病床の機能ごとの将来の必要量等，地域の医療提供体制の将来のあるべき姿を地域医療構想として策定し，それらを医療計画に新たに加え，地域ごとにバランスのとれた医療機能の分化・連携を進める。

③ 地域医療構想の実現：都道府県は，医療関係者，医療保険者等，幅広い関係者と連携を取りながら，地域医療構想を策定し，地域医療介護総合確保基金等を活用し，地域医療構想の実現をめざす。

医療および介護の総合的な確保の意義

急速に少子高齢化が進むなか，わが国では，2025年（平成37）年にいわゆる「団塊の世代」がすべて75歳以上となる超高齢社会を迎える。このような状況

第3章　保健医療サービス

のなかで，国民一人ひとりが，医療や介護が必要な状態となっても，できる限り住み慣れた地域で安心して生活を送ることができ，その地域で人生の最期を迎えることができる環境を整備していくことは喫緊の課題である。

わが国における医療および介護の提供体制は，1961（昭和36）年に世界に誇れる国民皆保険を実現したこと，そして，2000（平成12）年4月に介護保険制度が誕生したことによって医療と介護は着実に整備されてきた。しかし，高齢化の進展に伴う慢性疾患の増加により疾病構造が変化し，医療ニーズについては，病気と共存しながら，生活の質（QOL）の維持・向上を図っていく必要性が高まってきている。一方で，介護ニーズについても，医療ニーズを併せもつ重度の要介護者や認知症高齢者が増加するなど，医療および介護の連携の必要性はこれまで以上に高まってきている。また，人口構造が変化していくなかで，医療保険制度および介護保険制度については，給付と負担のバランスを図りつつ，両制度の持続可能性を確保していくことが重要である。

利用者の視点に立って切れ目のない医療および介護の提供体制を構築し，国民一人ひとりの自立と尊厳を支えるケアを将来にわたって持続的に実現していくことが，医療および介護の総合的な確保の意義である。

在宅医療の必要性

病床の機能の分化および連携を推進することにより，入院医療機能の強化を図るとともに，患者の状態に応じて退院後の生活を支える外来医療，在宅医療の充実も重要である。退院後や入院に至らないまでも在宅医療を必要とする患者は今後増大することが見込まれる。特に，慢性期医療については，在宅医療の整備と一体的に推進する必要がある。そのためには日頃から身近で相談に乗ってもらえる「かかりつけ医（ホームドクター）」が担う役割は大きい。

さらに，在宅医療の提供体制の充実のためには，病院，診療所，歯科診療所，薬局，訪問看護事業所，地域医師会等の関係団体等との連携が必要である（図3-1）。また，在宅医療は主に地域で受け入れが可能となるための「地域への支援」「日常の療養生活の支援」「急変時の対応」「終末期における看取り」と

55

第Ⅰ部　生活を守る理念としくみ

図3-1　わが国の医療提供体制の概要

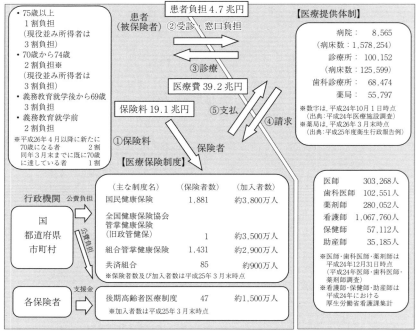

出所：厚生労働省「我が国の医療保険について」より一部改変（http://www.mhlw.go.jp/stf/seisakunitsuite/bunya/kenkou_iryou/iryouhoken/iryouhoken01/index.html, 2016.12.20）。

いった機能が求められており，緊急時や看取りに対応するための24時間体制が可能となるよう，各関連機関の役割分担や，医療依存度の高い患者や小児患者に対応するための研修等により各機能を充実させることが必要である。加えて，地域の関係者の連携のみならず，患者の急変時に対応するため，病院が在宅医療を担う診療所等を後方支援することが重要である。さらに，在宅医療を受けている患者に対する口腔機能の管理の機能を担う歯科診療所および後方支援を行う病院歯科が医科医療機関と連携体制を構築することが重要である。

医療提供施設の類型

医療提供施設とは，医療法で規定された病院，診療所，介護老人保健施設

第 3 章　保健医療サービス

（介護保険法の規定による），調剤を実施する薬局，その他の医療を提供する施設
をいう。

　医療法においては，医業を行うための場所を病院と診療所とに限定，病院と
診療所との区分については，病院は20床以上の病床を有するものとし，診療所
は病床を有さないものまたは19床以下の病床を有するものとしている。また，
医療法においては，特定機能病院，地域医療支援病院などの病院のうち一定の
機能を有する病院について，一般の病院とは異なる要件，たとえば，人員配置
基準，構造設備基準，管理者の責務等を定め，要件を満たした病院については
名称独占を認めている。

　また，精神病患者，結核患者など，対象とする患者の疾患の相違に着目して，
一部の病床については，人員配置基準，構造設備基準の面での取り扱いを別に
している。病院の種類を下記にあげる。

- 一般病院
- 特定機能病院（高度医療の提供等）
- 地域医療支援病院（地域医療を担う，かかりつけ医，かかりつけ歯科医の支援等）
- 精神病院（精神病床のみを有する病院）（対象：精神病患者）
- 結核病院（結核病床のみを有する病院）（対象：結核患者）

　病床について医療法第7条第2項第1号から第5号までにおいて表3-1の
ように定義されている。

　また，医療療養病床・介護保険施設の人員配置（100床あたり）について，表
3-2に示した。

療養病床とは

　療養病床とは，主として長期にわたり療養を必要とする患者のための病床で，
次の2つがある。

① 　医療療養病床：慢性期の状態にあって入院医療を必要とする患者に対す
　るサービスを医療保険で提供する病床。

② 　介護療養病床：要介護認定された患者に対するサービスを介護保険で提

57

第Ⅰ部　生活を守る理念としくみ

表3-1　病床の区分

1　精神病床
　病院の病床のうち，精神疾患を有する者を入院させるためのものをいう。
2　感染症病床
　病院の病床のうち，感染症の予防及び感染症の患者に対する医療に関する法律（平成10年法律第114号）第6条第2項に規定する一類感染症，同条第3項に規定する二類感染症（結核を除く。），同条第7項に規定する新型インフルエンザ等感染症及び同条第八項に規定する指定感染症（同法第7条の規定により同法第19条又は第20条の規定を準用するものに限る。）の患者（同法第8条（同法第7条において準用する場合を含む。）の規定により一類感染症，二類感染症，新型インフルエンザ等感染症又は指定感染症の患者とみなされる者を含む。）並びに同法第6条第9項に規定する新感染症の所見がある者を入院させるためのものをいう。
3　結核病床
　病院の病床のうち，結核の患者を入院させるためのものをいう。
4　療養病床
　病院又は診療所の病床のうち，前3号に掲げる病床以外の病床であって，主として長期にわたり療養を必要とする患者を入院させるためのものをいう。
5　一般病床
　病院又は診療所の病床のうち，前各号に掲げる病床以外のものをいう。

表3-2　医療療養病床・介護保険施設

	一般病床	医療療養病床	介護療養病床	介護老人保健施設	介護老人福祉施設
人員配置（100床当たり）	医師6.25人 看護職員 　　　34人	医師3人 看護職員 　　　20人 看護補助者 　　　20人	医師3人 看護職員 　　　18人 介護職員 　　　18人	医師1人 看護職員 　　　18人 介護職員 　　　18人	医師　必要数 看護職員 　　　3人 介護職員 　　　31人
施設の種類	病院			施設	
財源	医療保険		介護保険		

出所：厚生労働省(2013)「社会保障審議会　介護保険部会（第45回）平成26年6月6日　資料3施設サービスについて」より一部改変（http://www.mhlw.go.jp/file.jsp?id=146267&name=2r98520，2017.4.8）。

供する病床。必要に応じて医療も受けられる。2012（平成24）年3月までに廃止することになっていたが，受け皿の整備が進んでいないため，2018（平成30）年3月まで廃止は猶予されることになった。

第 3 章　保健医療サービス

表 3-3　介護保険施設の概要

	介護老人福祉施設	介護老人保健施設	介護療養型医療施設
基本的性格	要介護高齢者のための生活施設	要介護高齢者にリハビリ等を提供し在宅復帰をめざす施設	医療の必要な要介護高齢者の長期療養施設
定　義	老人福祉法第25条の5に規定する特別養護老人ホームであって，当該特別養護老人ホーム（入所定員が三十人以上であるものに限る。）に入所する要介護者に対し，施設サービス計画に基づいて，入浴，排せつ，食事等の介護その他の日常生活上の世話，機能訓練，健康管理及び療養上の世話を行うことを目的とする施設【介護保険法第8条第27項】	要介護者に対し，施設サービス計画に基づいて，看護，医学的管理の下における介護及び機能訓練その他必要な医療並びに日常生活上の世話を行うことを目的とする施設【介護保険法第8条第28項】	療養病床等を有する病院又は診療所であって，当該療養床等に入院する要介護者に対し，施設サービス計画に基づいて，療養上の管理，看護，医学的管理の下における介護その他の世話及び機能訓練その他必要な医療を行うことを目的とする施設【旧・医療法第7条第2項第4号】
介護保険法上の類型	介護老人福祉施設【介護保険法第8条第26項】	介護老人保健施設【介護保険法第8条第27項】	介護療養型医療施設【旧・介護保険法第8条第26項】
主な設置主体	地方公共団体社会福祉法人	地方公共団体医療法人	地方公共団体医療法人
医師の配置基準	必要数（非常勤可）	常勤1以上100：1以上	3以上48：1以上

出所：厚生労働省(2013)「社会保障審議会　介護保険部会（第45回）平成26年6月6日　資料3施設サービスについて」より一部改変（http://www.mhlw.go.jp/file.jsp?id=146267&name=2r98520，2017.4.8)。

介護保険施設

　介護保険施設は，原則として要介護3以上の被保険者を入所者として施設サービスを提供している。施設の基本的性格・定義の違いにより，介護老人福祉施設・介護老人保健施設・介護療養型医療施設に分類される（表3-3）。

第Ⅰ部　生活を守る理念としくみ

4　保健医療サービスにおける専門職

医療専門職と社会福祉専門職

　保健医療サービスの中核となる専門職は，医療専門職と社会福祉専門職に大
別される。

　医療専門職とは，患者や障がいがある人に，専門的知識と技術をもって，疾
病を治療すること，あるいは疾病が完治しなくても継続して疾病の管理をする
こと，もっと積極的に考えると，個人のさらなる健康の増進や疾病の予防まで
を含む医療の専門職である。

　近年では，特にその人がその人らしい生活ができるよう支援をするという概
念が浸透し，個人の身体的，精神的，社会的，またスピリチュアルケアを含む
全人的ケアを目標とする専門職である。[5]

　一方，社会福祉専門職とは，社会生活上，困難な問題を抱える人々を対象に，
社会福祉の専門的知識・技術をもって援助にあたる専門職のことである。

医療専門職

　医療専門職には，医師，歯科医師，看護師，薬剤師，理学療法士，臨床検査
技師，診療放射線技師，管理栄養士，作業療法士，歯科衛生士などがある（表
3-4）。

　最近では，従来の病院や診療所だけでなく，介護施設，訪問看護ステーショ
ンなど，介護の現場でも活躍の場が広がっている。

社会福祉専門職

　社会福祉専門職のうち，社会福祉士，介護福祉士，精神保健福祉士は国家資
格である。

　少子高齢社会が進行し，さまざまな福祉的課題が注目される現在，地域を基
盤とする社会福祉専門職への期待はますます高まってきている。他分野の専門

60

第 3 章　保健医療サービス

表 3 - 4　医療専門職

職種名	説　明
医師	医師法の適用を受けて，病気の原因解明やその治療，与薬にあたる。
歯科医師	歯科医師法の適用を受けて，歯科医療，保健指導を行う。
看護師	医師とともに，傷病者や妊産婦の療養上の世話をしたり，診療の補助を行ったりして患者の回復に尽くす。
保健師	出産・育児から高齢者の健康づくりまで，さまざまな保健活動を通して住民の健康増進に努める。都道府県の保健所や市町村の保健センターが主な職場であり，面談や家庭訪問，講習などを行う。
助産師	正常分娩の介助，妊娠から産後 6 〜 8 週間までの産褥期を通じて妊婦，母子のサポートやケアをする。
薬剤師	医師の処方箋にもとづいて調剤・供給したり，薬に関する副作用や併用している薬との相互作用について記録と照合したり，個々の患者に合わせた服薬指導も行う。
理学療法士	関節可動域の拡大，筋力強化，麻痺の回復，痛みの軽減など運動機能に直接働きかける治療法から，動作練習，歩行練習などの能力向上をめざす治療法まで，動作改善に必要な技術を用いて，日常生活の自立をめざす。Physical Therapist（PT）。
救急救命士	救急・災害現場において「救急救命処置」を施し，救急自動車やドクターカー・ドクターヘリで迅速に医療機関への搬送を行う。
義肢装具士	医師の処方に従って義肢・装具を製作し，対象者の日常生活動作や生活の質の向上に貢献する専門職である。
臨床検査技師	医師または歯科医師の指示を受け，心電図，肺活量，脳波，超音波検査などの生体検査と，採取した血液，尿や細胞の一部など体から採取した検体を調べる検体検査などを行う。
診療放射線技師	X 線撮影をはじめとして，CT（コンピューター断層画像）検査，MRI（磁気共鳴画像）検査，超音波検査，放射性同位元素（RI）の検査，放射線治療といった現代医療に欠かせない放射線装置を駆使する。
管理栄養士	病院や高齢者施設において，個人の症状や身体状況に合わせた食形態や，必要な栄養素が充足する食事を提供し，栄養状態の維持・向上と病態・病状の改善をめざす。
作業療法士	その人らしい生活ができるように，さまざまな作業を通じて心身機能の回復をサポートする。
言語聴覚士	言葉によるコミュニケーションに問題がある患者の言語機能の回復をめざす。また，摂食・嚥下の問題にも専門的に対応する。
視能訓練士	眼科一般検査や視能矯正訓練など，目のリハビリテーションの専門家。
はり師・きゅう師	はりやきゅうを用いて治療点を刺激し，痛みや疲れを取り除いたりやわらげたりする。
臨床工学技士	医師の指示のもと，生命維持管理装置の操作および保守点検を行う。呼吸療法業務・人工心肺業務・血液浄化業務・高気圧治療業務・ICU 業務・CCU 業務・手術室業務・心臓カテーテル検査室業務・保守点検業務・安全管理業務・ペースメーカー外来に分けることができる。
歯科技工士	歯科医師の指示書に従って，入れ歯，歯の被せ物，歯の詰め物，矯正装置などの作成や加工，修理を行う。
歯科衛生士	歯・口腔疾患の予防および口腔衛生の向上を図ることにより，乳幼児期から高齢期までの生涯を通じて，歯・口腔の健康をサポートする。

出所：著者作成。

第Ⅰ部　生活を守る理念としくみ

表 3 - 5　社会福祉専門職他

職種名	説　明
社会福祉士	心身に障がいのある人や寝たきりの人など，何らかの事情により日常生活を営むうえで支障があり，福祉の助けを必要とする人々の相談に乗り，対策を考え，生活に必要な援助をする。
介護福祉士	福祉に関する専門知識と医学的な介護技術を身につけ，施設あるいは在宅で，本人ができるだけ自立した生活が送れるように援助する。また，家族に対して介護の指導も行う。
精神保健福祉士	精神障がいがあっても，その人らしい生活が送れるように，精神障がい者やその家族をサポートし，生活問題や社会問題の解決のための援助，地域生活支援の活動を行う。
ケアマネジャー	ケアマネジャー（介護支援専門員）は，都道府県の指定を受けた介護保険施設や病院などに勤務し，介護保険制度の中核となる専門職である。
臨床心理士	臨床心理学など，心理学の知識や諸技法を活かして専門的に心理支援を行う。
心理カウンセラー	心の病気にかかる人たちの相談に乗り，対話や心理テストなどを通して，悩みの解決策を本人自らが探っていく手助けをする。
医療ソーシャルワーカー	保健医療機関において，患者や家族が抱える経済的・心理的・社会的問題の解決・調整を援助し，社会復帰の促進を図る業務を行う。

出所：著者作成。

職などと連携して包括的に支援を進めたり，社会資源などを開発したりする役割も重要である（表 3 - 5 ）。

注

(1)　ノーマライゼーションの理念とは疾病や障がいをもった人も高齢者もすべての人が普通に地域で生活できる社会を実現するという理念。

(2)　小坂樹徳（2012）「第 5 章　現代医療における諸問題」小坂樹徳・田村京子編『現代医療論』メヂカルフレンド社，276。

(3)　その時代や分野において当然のことと考えられていた認識や思想，社会全体の価値観などが劇的に変化することをいう。

(4)　公益社団法人日本看護協会ホームページ「ケアリングの倫理」（http://www.nurse.or.jp/rinri/basis/carering/，2016.12.20）。

(5)　スピリチュアルケア（spiritual care）とは人生のあらゆる事象に価値を見出すよう導くことにより，「生きがいをもちやすい人生観」への転換を促すケアのこと。

第3章　保健医療サービス

参考文献

厚生労働省「医療と介護の一体的な改革」（http://www.mhlw.go.jp/stf/seisakunitsuite/bunya/0000060713.html，2016.12.20）。

厚生労働省「我が国の医療保険について」（http://www.mhlw.go.jp/stf/seisakunitsuite/bunya/kenkou_iryou/iryouhoken/iryouhoken01/index.html，2016.12.20）。

厚生労働省（2013）「在宅医療・介護連携のための市町村ハンドブック　平成25年12月」独立行政法人国立長寿医療研究センター。

厚生労働省（2015）「在宅医療・介護提携推進事業の手引き　Ver. 1」（http://www.mhlw.go.jp/file/05-Shingikai-12301000-Roukenkyoku-Soumuka/tebiki.pdf，2017.9.15）。

厚生労働省老健局老人保健課（2015）「介護保険最新情報」平成27年3月。

厚生労働省（2015）「平成27年版厚生労働白書」日経印刷。

厚生労働省（2015）「保健医療2035提言書」平成27年6月「保健医療　2035」策定懇談会（http://www.mhlw.go.jp/file/04-Houdouhappyou-12601000-Seisakutoukatsukan-Sanjikanshitsu_Shakaihoshoutantou/0000088647.pdf，2016.12.20）。

厚生労働省（2016）『厚生労働白書　平成28年版』日系印刷。

読者のための参考図書

アンドレア・ストレイト・シュライナー監／守本とも子・星野政明編（2009）『新・QOL を高める専門看護，介護を考える』中央法規出版。

　　——高齢者の生活を中心に看護と介護のアプローチについてわかりやすく整理されていて，現代の高齢者に必要な医療福祉が展望できる。

守本とも子編（2015）『看護職をめざす人の社会保障と社会福祉』みらい。

　　——医療福祉専門職者を対象に，社会保障・社会福祉の実施内容や実施体系についてわかりやすく整理されていて，実践に役立つ著書である。

第4章

保健医療サービスにおける多職種連携

　歴史的にみて保健医療サービスにおけるソーシャルワーカーの実践では，医師や看護師などの医療職との連携・協働が不可欠であった。しかし，この「当たり前」の専門職の連携について，日本において理論的に議論されるようになったのは，ようやく21世紀に入る前後の時期からである。

　ソーシャルワーカーにとって「当たり前」なことではあるが，医療専門職との連携は，その知識や価値体系，職業文化等の違いが大きく実践は容易ではない。本章では，保健医療サービスにおける多職種連携（Interprofessional Work：IPW）について，その背景と考え方，それを支える多職種連携教育（Interprofessional Education：IPE）の取り組みについて触れ，今日の日本における地域包括ケアの視点から，医療ソーシャルワーカーに求められる役割と課題について展望する。

1　保健医療サービスと IPW・IPE

　ここでは保健医療サービスにおいて IPW が重視されるようになった背景と，IPW・IPE について説明する。

保健医療分野におけるパラダイムシフト
　世界的なレベルで人口高齢化が進展し，治癒が不可能な慢性疾患や加齢に伴うさまざまな症候や障がいをもつ高齢者が増加し，それに伴って健康の概念や

保健医療サービスのパラダイムシフトが起きていることが指摘されている[(1)]。それは「Cure（治療）から Care（ケア）」というフレーズにも表されているだろう（第3章参照）。

　2014（平成26）年に日本学術会議臨床医学委員会老化分科会は，これからの医療のあり方について，臓器単位の疾病治療を主眼とする「治す医療」から，生活の質（Quality of Life：QOL）を最大にするために治療の優先順位を再配置する「治し支える医療」へと向かう必要性を示した。これは言い換えれば，「病院中心の医療」から「地域完結型医療」への転換が提言されたといえる[(2)]。そしてこの「地域完結型医療」の実現のためには，保健医療福祉にかかわる制度・機関・専門職の間の連携が欠かせない。

　上記の学術会議の提言に先立って，2010（平成22）年に WHO は「IPE と連携実践の行動枠組み[(3)]」を示した。そこでは，最適な保健医療サービス提供のためには，IPE を受けた人材による IPW が欠かせないことが強調されており，国家レベルでの IPE 促進の必要性が提言されている。この WHO の動きに示されているように，IPW と IPE はもはやグローバルスタンダードであり，IPW の展開なくしては，質の高い保健医療サービスの提供は成立しないといえる。

IPW の形態

　IPW については，これまで多職種連携や協働，多職種チームワーク，ネットワークなどと呼ばれ，その定義もさまざまで混沌とした状況が長年続いている。リーブス（Reeves, S.）ら[(4)]は，こうした状況を踏まえて IPW に関連する文献レビューを行い，IPW には6つのコア（中心的）要素があることを示した。すなわち IPW には，多職種で取り組む「チームのタスク（課題）」と「明確な役割・目標」があり，多職種間の「相互依存」的関係性と「共有された責任」のなかで仕事の「統合」が行われており，その根底には「共有されたチームのアイデンティティ」がある。さらにリーブスらは，これらの構成要素の濃淡や強弱は，現場のニーズに応じて柔軟に変化するというコンティンジェンシー

第Ⅰ部　生活を守る理念としくみ

図4-1　IPWの形態

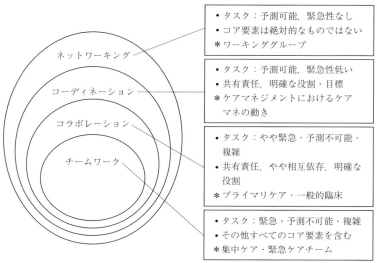

出所：Reeves, S., Lewin, S. & Zwarenstein, M. (2010) 44, 筆者翻訳。

(状況適合)・アプローチを採用した。つまり，IPWは現場の状況に応じてその形態が変化するものであり，「チームワーク」はすべてのコア要素を含み，タスクの緊急性が高く予測不可能で複雑なものであり，一方でタスクは予測可能で緊急性は低くコア要素は絶対的なものではないが，緩やかなIPWの形態を「ネットワーキング」としている（図4-1）。

このリーブスらのモデルは，IPWが動的であり，状況や構成メンバーによって変化するという実践現場の感覚に近いIPWの形態を示している点で有用である。医療ソーシャルワーカーのIPWは，このすべてのIPWの形態を射程に入れていると考えられ，ネットワーキングでさまざまな人的コネクションをつくりながら，タスクの状況に応じ，あるときは救急チームの一員として集中的にタスクに取り組むことも求められる。

IPEとVBP（価値に基づく実践）

WHOの行動枠組みでも示されているように，有効なIPWを行っていくた

第4章　保健医療サービスにおける多職種連携

めには，IPE が重要な鍵となる。IPE とは，2つ以上の専門職が職種間の連携やケアの質を向上するために，一緒に，そしてお互いから学ぶことであり，専門職の卒前教育だけでなく，現任者の教育の両方を含むものである[5]。

ここでは，IPW と IPE に関連する最新のトピックとして VBP（Value-Based Practice：価値にもとづく実践）の考え方を紹介する[6]。

VBP とは，エビデンスに基づく実践（Evidence-Based Practice：EBP）の過程において，バランスの取れた意思決定をサポートする専門職のスキルであり，特に対象者のニーズ，要望，優先順位などの価値が複雑で対立しているときに重要となる。EBP とは，一般的に医療における患者の意思決定において，最新のエビデンス（科学的根拠）と患者・家族の意向を統合することによって，最良の実践を提供するという考え方である。しかし医療のなかでの EBP は，どうしても医療職と患者とのパワーバランスが医療者側に偏重しやすい。そのために登場したのが VBP の考え方であり，患者・家族を中心としたバランスのとれた意思決定を行っていくために，各専門職が自身の知識やスキルを駆使した IPW が求められる。

VBP において医療ソーシャルワーカーは，医療職とは異なる価値・知識・スキルの体系を身につけており，特に患者・家族の意向を重視した意思決定において，代弁者となりながら患者・家族を支援するという重要な役割を担っている。VBP において IPW は必須であり，そのためには IPE による知識やスキルを身につけることが必要となる。

日本でも既に複数の大学で IPE が取り組まれており，また現任者教育でも介護支援専門員の更新研修において多職種連携に関する研修時間が設けられるなど，徐々にその広がりをみせており，今後の発展が期待される。

2 地域連携パスにおける IPW

先に述べたように，日本の保健医療サービスの提供において，IPW は行われて当然となっている。ここではクリティカルパスと地域連携パスを取り上げ

67

第Ⅰ部　生活を守る理念としくみ

て，医療機関における IPW の取り組みについて紹介する。

クリティカルパスと地域連携パス

　クリティカルパスとは，1980年代のアメリカにおいて，医療の効率化と在院日数の短縮を目的として医療機関に取り入れられてきたものである。それは，入院中の検査・処置・指導・看護・リハビリテーション・食事など，主に疾患別に作成される入院から退院までの標準的な入院診療計画書であり，クリニカルパスとも呼ばれている。

　日本の医療機関でも1990年代に取り入れられ，当初は「院内クリティカルパス」として活用されてきた。しかしその後の2006（平成18）年の診療報酬改定では，大腿骨頸部骨折の入院加療に対して「地域連携診療計画管理用・地域連携診療計画退院時指導料」が導入され，2008（平成20）年の医療計画（各都道府県が5年ごとに作成する医療提供体制の基本計画）作成指針では，地域に拡張した「地域連携パス」作成の必要性が提示された。当初の地域連携パスは，急性期病院と回復期リハビリテーション病院の「病病連携パス」であったが，その後は病院と診療所をつなぐ「病診連携パス」，最近では医療と介護をつなぐ「在宅連携パス」が作成されるようになっている。[7]このように地域連携パスは，院内の退院支援での活用にとどまらず，後述する地域包括ケアの枠組みのなかで在宅や介護保険施設などの地域機関との連携や，院内の医療専門職と地域の介護支援専門員や介護・福祉職との IPW を含めた幅広く長期的な視点で活用していくことが望まれる。

　しかし地域連携パスの活用においては，病院の医療職と地域の介護・福祉職の間でさまざまなギャップが生じることもある。たとえば病院の医療職は，疾病の治療や身体状況の管理を優先する在宅や地域の生活・介護状況はよく知らない傾向があり，介護・福祉職は病院での治療や医療処置には疎く目前の日常生活上のケアを優先する傾向がある。医療ソーシャルワーカーは，双方の立場から両者に生じたギャップを埋めることができる職種であり，そのため地域連携パスの要として活躍することが求められる。

第 4 章　保健医療サービスにおける多職種連携

　また地域連携パスは，院内クリティカルパスの考え方を踏襲していることから「アウトカム（結果）指向」であり，まずは患者（利用者）の達成目標の設定を行い，時間軸を設定してアウトカムの向上を図るように計画されることが特徴である。ここで忘れてはならないのが VBP の考え方である。地域連携パスも，ともすれば EBP と同じように医療職主導で進められがちである。しかし地域連携パスの推進において大事なのは，患者・家族の価値や意向であり，医療ソーシャルワーカーは，バランスの取れた意思決定ができるよう，長期的な視点をもってサポートしていくことが求められる。

地域連携パスの例──認知症ケアパス

　地域連携パスは，これまで大腿骨頸部骨折，脳卒中，がん，糖尿病など，急性期病院での治療を要し，その後も継続的に医療や介護が必要となる疾患を中心に作成されてきた。しかし近年では，精神科疾患や認知症の地域連携パスも作成されるようになっている。

　日本の人口高齢化は今後もさらに進み，2025年には高齢化率が30％を超え，認知症高齢者が約700万人となるとされている。そのため2012（平成24）年には「認知症施策 5 か年戦略（オレンジプラン）」，さらに2015（平成27）年には「認知症施策推進総合戦略（新オレンジプラン）」が策定され，そのなかで医療・介護等の有機的な連携推進に向けた認知症ケアパスの積極的な活用が推奨されるようになった。[8]

　認知症ケアパスの特徴は，ほかの地域連携パスの多くが急性期病院への入院と治療を皮切りに始まるのに対して，地域での認知症者の発見と受療支援がスタートとなる場合が多い点である。地域で認知症の疑いの人がいる場合，家族や民生児童委員，かかりつけ医などから「もの忘れ外来」などの専門医療機関や，地域包括支援センター・認知症疾患医療センターにつなげられ，そこに配置されている認知症初期集中支援チームの支援が行われる。認知症初期集中支援チームは，複数の医療・福祉職による早期のアセスメントと集中的支援を行うことを目的としており，まさしく IPW の実効性が求められるものである。

69

第Ⅰ部　生活を守る理念としくみ

　また認知症の進行過程のなかでは，周辺症状としての行動・心理症状（Behavioral Psychological Symptom of Dementia：BPSD）として，徘徊・妄想・睡眠障害などが急性増悪することがあり，認知症疾患治療・診療病院（病棟）への入院による症状緩和が図られる。一方で，認知症以外の身体疾患や，転倒による骨折等によって急性期病院への入院が必要となることもある。しかし急性期病院における認知症者への医療やケアは十分とはいえず，そのことを背景に2016（平成28）年度の診療報酬改定では適切な医療対策のために「身体疾患を有する認知症患者のケアに関する評価」，いわゆる「認知症ケア加算」が算定されることになった。医療ソーシャルワーカーは，認知症ケア加算１の要件として求められる多職種認知症対策チームの一員として，特に退院支援における活動が期待されている。

　ここでは認知症ケアパスを取り上げて，病院と地域とのつながりの一部をみてきた。特に高齢者の場合，認知症以外に複数の慢性疾患や加齢に伴う老年症候群を保持していることが多く，そのため病院内でケアが完結することは稀で，地域・在宅を含めた継続的な医療と介護が必要になる。このような状況について，サービス利用者の視点から考えると，病院は在宅での生活を継続するためのひとつの社会資源にすぎない。そのため地域完結型の医療機関という視点をもち，入院前後の患者・家族の生活を常に考えつつ VBP の考え方を基盤としながら支援をしていくことが求められる。

3　地域連携とソーシャルワーク

　前節で紹介したクリティカルパスは，医療機関内での専門職同士の連携を有効にするために用いられてきたものである。それをもとにして発展した地域連携パスも，疾病を介して医療だけでなく介護もカバーしようとしたものであった。しかし地域ではさまざまな組織・機関や人々との幅広い連携が求められることになる。ここでは「地域包括ケアシステム」の考え方をもとにして，地域での連携の取り組みと課題について述べてみたい。なお地域包括ケアシステム

は，地域によって人口，高齢化率や社会資源の配置状況などでそれぞれ置かれている環境が違うことから，地域の実情に応じて設計され構築されていくことが求められている。

　厚生労働省は地域包括ケアシステムとして5つの構成要素，すなわち「住まい」「医療」「介護」「予防」「生活支援」を示している。これらの構成要素は独立しているのではなく，相互にかかわりあっているものである。つまり地域包括ケアシステムでは，それぞれの構成要素を有機的につなげながら運用していくためのIPW，しかも地域の非専門職も含めた連携を行っていくことが大前提となっている。

　そこで重要となってくるのが「地域ケア会議」である。この会議では，地域でのさまざまなニーズが把握され，既存の社会資源を有効に活用していく対策が検討されるだけでなく，必要に応じて新たな社会資源の発掘や開発も重要な役割となっている。地域ケア会議には，医療専門職のみならず，地域のさまざまな機関，たとえば自治体の福祉事務所，社会福祉協議会といった組織の代表者が参加しており，民生委員やNPOの代表など非専門職も含まれる。すなわち，専門職中心のIPWよりもさらに幅広いメンバー間での連携が求められるが，一方でこのことはIPWの実施が難しくなることにもつながる。

　その際に求められるのは先述したVBPの考え方であり，サービス利用者の価値や意向を中心として各参加者間のギャップを埋めていく努力である。つまり利用者の自己決定（意思決定）支援や権利擁護が大きな意味をもつことになる。こうした課題は，ソーシャルワークが歴史的に率先して対応してきた得意分野であり，そうした意味で地域版VBPのなかでソーシャルワーカーの果たす役割は大きい。

　地域包括ケアにおいては，VBPの考え方を基盤としてIPWによる支援が積み重ねられているが，このミクロ的支援をマクロの地域包括ケアシステムに反映させる役割を担っているのが地域ケア会議とも考えられる。その重要性を認識したうえで，積極的に活用していく姿勢がソーシャルワーカーに求められるだろう。

第Ⅰ部　生活を守る理念としくみ

注

(1)　松岡千代（2011）「『健康転換』概念からみた高齢者ケアにおける多職種連携の必要性」『老年社会科学』33(1), 93-99。

(2)　日本学術会議臨床医学委員会老化分科会（2014）「提言　超高齢社会のフロントランナー日本――これからの日本の医学・医療のあり方」（http://www.scj.go.jp/ja/info/kohyo/pdf/kohyo-22-t197-7.pdf, 2016.10.10）。

(3)　WHO : Framework for action on interprofessional education and collaborative practice, 2010（http://www.who.int/hrh/resources/framework_action/en/, 2016.10.10）.

(4)　Reeves, S., Lewin, S., Espin, S. & Zwarenstein, M. (2010) Interprofessional teamwork : key concepts and issues, *In Interprofessional Teamwork for Health and Social Care*, Wiley-Blackwell : NJ, 39-56.

(5)　CAIPE : Defining IPE（http://caipe.org.uk/about-us/defining-ipe/, 2016.10.10）.

(6)　The Collaborating Centre for Values-Based Practice in Health and Social Care（http://valuesbasedpractice.org/, 2016.10.10）.

(7)　武藤正樹（2014）「地域連携クリティカルパスと医療計画」高橋紘士・武藤正樹編『地域連携論――医療・看護・介護・福祉の協働と包括的支援』オーム社, 49-58。

(8)　厚生労働省（2015）「認知症施策推進総合戦略（新オレンジプラン）の概要」。

(9)　厚生労働省（2016）「平成28年度診療報酬改定について」（http://www.mhlw.go.jp/file/05-Shingikai-12301000-Roukenkyoku-Soumuka/0000115365_1.pdf, 2016.10.10）。

読者のための参考図書

京極真（2012）『信念対立解明アプローチ入門――チーム医療・多職種連携の可能性をひらく』中央法規出版。
　　――多職種連携における職種間の対立とその対策について, イラストを提示しながらわかりやすく解説している。

野中猛・野中ケアマネジメント研究会（2014）『多職種連携の技術（アート）――地域生活支援のための理論と実践』中央法規出版。
　　――多職種連携の必要性や考え方, 実際にどのようにすすめていけばよいのかについて, わかりやすくまとめられている。

第5章

医療現場における権利擁護

　福祉サービス利用者や保健医療サービスを利用する患者の権利を守ることは，社会福祉と医療の共通した目的である。幸福（ウェルビーイング：well-being）を実現することは，日本国憲法第25条の「すべて国民は，健康で文化的な最低限度の生活を営む権利を有する（All people shall have the right to maintain the minimum standards of wholesome and cultured living)」を実現することである。ここでの「健康」とは，ただ単に肉体の健康だけを意味しているのではなく，「wholesome」つまり，「健全な」状態を指している。社会福祉の対人援助では，生活の全体を支援することから，心身ともに，環境も含めて健全な状況や状態をめざしている。これに照らすと，認知症高齢者や精神障がい者をはじめ，判断能力が低下している者や言語の通じない外国人，乳幼児は，自分の権利を自分で守れないこともあり，主体的に生きることが保障されているとはいえない。

　また，ソーシャルワークにおける倫理綱領に照らして，患者の権利擁護をみていく必要がある。「診断と治療，療養看護」における権利擁護の範囲だけではなく，患者の生活全体に関係する権利擁護までをも守備範囲としなくてはならない。

　特に，疾病やこれに関連して生じる生活のしづらさの問題は，歴史的・社会的な性質の問題である。寿命延伸に伴う認知症者や重度障がいの高齢者の増加に伴い，患者とその家族の周辺では，必ず権利侵害は発生する。地域と保健医療サービス，福祉サービスの社会資源の連携業務のなかにおいても，患者の権利侵害がないか判断をしながら進める必要がある。

第Ⅰ部 生活を守る理念としくみ

1 患者とその家族に対する権利擁護

患者の権利擁護をとらえる視点

患者の権利を世界で最初に明らかとしたのは，1973年のアメリカの患者権利章典である。

患者は，自分の病状について知らされないことや，同意をしていないにも関わらず実験的治療の対象とされることがないように，その権利が守られている。

専門用語や知識が用いられる医療分野では，患者は自分の治療について専門家に依存せざるを得ないのであるが，治療に関する全ての権限を医師に委ねると患者の権利侵害が発生することもある。

患者は，本来は自由に主張できていたことも主張しきれなくなるような「判断能力が低下」した状況になることがある。その理由として，認知症や意識レベルの低下といった病気そのものを原因とする場合や，重い病気になったときに，仕事や学校，家庭生活の維持ができなくなることへの不安から，総合的にさまざまなものごとを判断できなくなる場合が考えられる。しかし，本来患者は，自らの疾病の治療方針について医療職の支援を受けながらも自ら選択し，決定したいという意思をもっている。

これに関して，「医療を受ける者の意向を十分に尊重」する（医療法第１条の２第２項）ように定められており，その実現のために医療の担い手側からの十分な対応を求めている。

権利侵害の概念

権利侵害は，福祉サービス利用者や患者に対して，福祉施設や医療機関といった専門機関が何らかの不利益を与えることである。

利用者の疾患名や情報が第三者に漏れることや，財産や生命を軽視したり奪うこと，虐待や差別的扱いをすることである。

そこで，医療機関では，患者に対する情報公開や医療者側が自らを監視（モ

第5章 医療現場における権利擁護

ニタリング）・検証するしくみを進めており，主治医以外の医師からの意見を求めるセカンドオピニオンのしくみの充実も設けられている。

医療現場において，患者への権利侵害の発生や，発生する可能性がある場合は，医療機関全体で権利侵害を予防・対応し，解決に導き，それを通常業務として定型化する取り組みも進んでいる。

医療福祉を学ぶ者は，その歴史的・社会的な問題について知ることが大事である。とりわけ，感染症患者に対する差別や偏見は深刻な社会問題としてとらえ，積極的に介入・代弁することで解決の道を探ることが使命である。

患者に対する権利侵害とその対応

患者の権利擁護がここまで発展してくるまでには，「人間としての権利侵害」を問うような歴史的な事件や社会問題の存在があった。朝日茂が，結核患者の日用品費が生存権を保障する水準におよばないとして最高裁まで争った1957（昭和32）年の朝日訴訟をはじめとして，数多くの医療過誤事件と判例，ハンセン病患者の権利宣言，安楽死問題，尊厳死（リビングウィル），薬害による肝炎やHIV感染で悩む者の存在などがあった。

特に，最近の患者に対する権利侵害の例としては，1996年（平成8）年のらい予防法廃止が遅すぎた法整備であったとされ，多くの患者は社会復帰の道を閉ざされたままになっていることがあげられる[2]。

医療現場における，クライエントの権利擁護は，治療を必要とする者が，療養に関連して体験する権利侵害を発見し，解決する理念と具体的な取り組みである。医療ソーシャルワーカーは，患者の権利は誰が何についてどのように守るのかという視点から，日本医療社会福祉学会の倫理綱領を根拠として考え行動していかなければならない。権利擁護はさまざまな社会福祉サービスの領域において，本来，守られるはずの諸権利が十分に行使できない状況を把握し，権利の回復に努める。もし患者から，侵害を受けている状況について相談を受けた場合は，権利侵害の状況を正確にとらえ，本来あるべき姿に権利を回復させなくてはならない。

第Ⅰ部　生活を守る理念としくみ

2　インフォームドコンセントを用いた権利擁護

インフォームドコンセントとは

　インフォームドコンセントは，医師が患者へ説明を行うことで，患者がその説明に対して納得して同意し，満足を得るところまでの，医師と患者の治療方針の共有である。具体的には，病状・予想される副作用・代替の治療法についての説明を医師から受け，そうした治療方針を患者本人が受け入れるか否かを決めるための法律にもとづいた説明責任（アカウンタビリティ）を医師が果たすことである。

　1997（平成9）年12月の第3次医療法改正により，医療を提供するにあたり，医療の担い手が適切な説明を患者に行い，医療の受け手の理解を得るよう努める旨が規定された。医療法（昭和23年）第6条の4において，「病院又は診療所の管理者は，患者を入院させたときは，厚生労働省令で定めるところにより，当該患者の診療を担当する医師又は歯科医師により，次に掲げる事項を記載した書面の作成並びに当該患者又はその家族への交付及びその適切な説明が行われるようにしなければならない。ただし，患者が短期間で退院することが見込まれる場合その他の厚生労働省令で定める場合は，この限りではない」とし，「1　患者の氏名，生年月日及び性別，2　当該患者の診療を主として担当する医師又は歯科医師の氏名，3　入院の原因となつた傷病名及び主要な症状，4　入院中に行われる検査，手術，投薬その他の治療（入院中の看護及び栄養管理を含む。）に関する計画，5　その他厚生労働省令で定める事項」と法令で定められている。これらの任務について，病院又は診療所の管理者は，「医師，歯科医師，薬剤師，看護師その他の従業者の有する知見を十分に反映させるとともに，当該書面に記載された内容に基づき，これらの者による有機的な連携の下で入院中の医療が適切に提供されるよう努めなければならない」とされており，インフォームドコンセントの内容の提示方法も定められている（第6条の4第4項）。

第 5 章　医療現場における権利擁護

医療ソーシャルワークとインフォームドコンセント

　患者への治療方針説明のとき，医師の指示によりケースごとに必要な医療スタッフのメンバーが選択される。そのため，医療ソーシャルワーカーに対して，インフォームドコンセントのメンバーに入るよう指示があることもある。

　医療ソーシャルワーカーは，治療方針の選択のアシスト以外にも，退院後の生活予想の話し合いやカルテ開示の情報提供も含めて支援する。後遺障害が予想されるときは，患者は重要な選択を迫られることになる。患者本人と家族間で治療方針について意見のくい違いがみられる場合もある。そのため医療ソーシャルワーカーは，患者と家族間の話し合いの機会を設け，両者が治療方針に合意できるように，医師との緊密な連携のもと，面接による細かな支援を行う。

　こうした医療ソーシャルワーカーの支援も，患者が自分の病状を知るための権利擁護につながる。

意思が明確に示せない患者に対するインフォームドコンセント

　インフォームドコンセントの際，患者が治療方針の説明を理解するための判断能力を著しく欠くような場合は，その患者の同意は必要ないのかという課題がある。

　結論からいうと，先に述べた医療法第 6 条の 4 より，判断能力が少し欠く，または著しく欠く場合でも，インフォームドコンセントは必要である。そのため医師の説明に合わせて，その前後と説明時に患者が理解できているかの確認を行い，不十分と患者が考えている場合は時間をかけて看護スタッフと協力することになる。医療ソーシャルワーカーは，患者が理解しているかどうかの確認を行い，必要に応じて，関係親族を含めて十分に説明を行う必要がある。

　こうしたケースは，子どもや未成年者，何らかの状況により意思の疎通ができない患者，日本語を理解できない外国人，精神病患者，救急患者などでしばしば起こり，さらに，本人が告知を望まないでいるがん患者もいる。

　幼児や未成年者は保護者に対して，外国人は通訳を通して，救急患者は救命措置後にそれぞれ病状説明が行われる。しかし，判断能力を欠く状況の患者，

77

第Ⅰ部　生活を守る理念としくみ

意思疎通が取れない重症患者，本人が告知を望まない疾患の患者は，それぞれ
のケースに応じたインフォームドコンセントのあり方を考えなければならない。
インフォームドコンセントでは医療スタッフによるカンファレンスにおいて，
アドボカシー（代弁）の機能を果たす役割を担っている。医療ソーシャルワー
カーとしての意見をもつだけの資料収集も必要となる。

　インフォームドコンセントが行われた後に課題としてあがってくることは，
患者が医師の説明を理解できたか，患者の家族はどうかという確認を行い，不
足があれば医師へ報告し，補うことも求められる。

3　成年後見制度と医療ソーシャルワーク

成年後見制度について

　成年後見制度は，2000（平成12）年にはじまった制度で，判断能力が低下も
しくは欠いている者が，後見人等に依頼して，民法上の契約事項を代理で行う
ことができる法制度である。成年後見制度は，民法を改正した4つの法律から[3]
なっており，介護保険法の施行と同時に車の両輪として施行された。このこと
は，契約が対等に結べないなど自己決定できない者が契約決定するための方法
について整備したものである（図5-1，図5-2）。

　法定後見制度には，補助，保佐，後見の3類型がある。補助は，判断能力が
不十分な者を対象として，家庭裁判所が補助開始の審判をして「補助人」を選
任する制度である。補助人は，本人が申し立てにより選択した「特定の法律行
為」として，預金管理，介護契約等について，個別の審判により代理権または
同意権（取消権）を付与される。保佐は精神上の障がいにより判断能力が著し
く不十分な者を対象として家裁が審判して保佐人を選任する。後見は，精神上
の障がいにより判断能力を欠く状況にある者を対象として，家裁が審判して成
年後見人を選任する。成年後見人は，広範な代理権と取消権を有して，被後見
人の財産と身上を護る職務を任う。こうした成年後見制度は，自己決定により
サービス選択を行い，契約することにより福祉サービス利用をすることを補う

第 5 章　医療現場における権利擁護

図 5-1　成年後見制度の概要

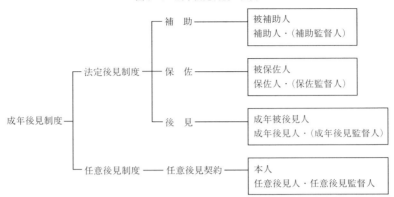

出所：小林昭彦・大鷹一郎編（1999）『わかりやすい新成年後見制度（新版）』有斐閣，12。

図 5-2　法定後見（補助・保佐・後見）制度と任意後見制度の対応関係

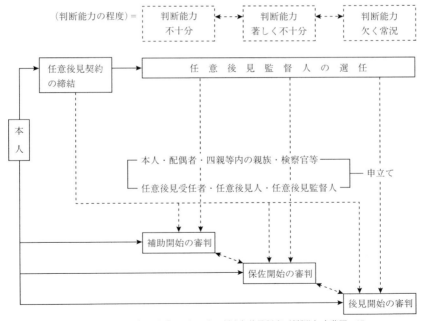

出所：小林昭彦・大鷹一郎編（1999）『わかりやすい新成年後見制度（新版）』有斐閣，15。

第Ⅰ部 生活を守る理念としくみ

ことが目的であるが，医療ソーシャルワーカーは，後見人等に協力するなかで，患者の権利を守っていくことができるものと考えられる。成年後見人は，被後見人の状況を定期的に把握することが職務であることから，患者が被後見人である場合は，医療ソーシャルワーカーは後見人等との情報交換を行うといった対応を求められる。

　成年後見を活用することで，後見人により財産管理や身上監護が進められると，医療費の支払いや，退院後の生活環境の整備においても，患者にとって有効な療養環境をつくることにつながる。成年後見制度の運用は家庭裁判所が所管しており，裁判所に後見人等の名簿が登録されている。そのため，家裁へ相談することで，この制度を活用していくことが可能である。日本社会福祉士会では「ぱあとなあ」を組織し，社会福祉士の成年後見人登録を進めており，身上監護をはじめとした貢献活動を組織的に展開している。

医療における成年後見制度の活用

　医療に関連してみると，医療機関を受診する場合の，検査や手術の同意は後見人等の職務外とされていることから，インフォームドコンセントに立ち会う家族の代理を務めることで，治療方針について本人に代わって同意することはできない。手術の同意についても，本人のみが決定できることと考えられていることから，同意あるいは拒否をできない立場である。

　では，どういうことが成年後見人等に医療機関として相談できるのか。

　たとえば，高次脳機能障害や認知機能の低下などで，判断能力が低下した患者の治療にあたって，手術や検査与薬を行うとき，基本的に患者の理解と納得が必要になる。治療方針の理解や同意，予後の状態管理について，理解が難しい状況にある患者は，治療は必要であるにもかかわらず，治療を進める環境が整わない状況におかれる。また，医療費の毎月の支払も金銭管理ができない場合は，その対応が必要になる。

　判断能力の低下した者が対象となるこの制度は，医療ソーシャルワークにおける患者支援においても出会う課題であり，そのとき，医療ソーシャルワー

カーとクライエントの関係は，同一の機関内の利用者と支援者であることから利益相反するとの家庭裁判所の考え方から，後見人となることはできないが，その場合においても，社会福祉士のネットワークを用いてその後見人依頼を進めることで対応する必要がある。

また，患者自身が成年後見人等を要する場合と，患者が療養治療するときに，認知症や判断能力が低下することで，療養に専念できない環境を改善するときも，家族に対する成年後見制度の活用により，患者の療養専念をすすめることが大切である。

医療ソーシャルワークにおける成年後見制度の活用は，判断能力の低下あるいは欠く者（患者）の財産管理と身上監護という生活支援には今後欠かせない制度となってくるものと考えられる。民法制度である成年後見制度を，利用者の財産を保持するために積極的に活用したいものである。

注

(1) 日本医療社会福祉学会倫理綱領，日本社会福祉士会倫理綱領・行動基準，日本ソーシャルワーカー協会倫理綱領がある。

(2) ハンセン病患者に対しては，らい予防法を根拠とした長期にわたる隔離政策が行われた。その後，特効薬が開発され治療可能になったにもかかわらず，当時の学会や国の審議会の意向により法改正が進まなかったことから，療養所での長期にわたる社会と断絶した生活を余儀なくされた人々がいた。1996年当時の菅直人厚生大臣がらい予防法廃止に際して，患者に対して謝罪を行ったが，患者のこれまでの時間は取り戻すことはできない。患者の権利侵害は，このように法制度の対応の遅れによっても起こり得る。

(3) ①民法の一部を改正する法律，②任意後見契約に関する法律，③後見登記等に関する法律，④民法の一部を改正する法律の施行に伴う関係法律の整備等に関する法律，の4つのこと。

参考文献

50周年記念誌編集委員会（2003）『日本の医療ソーシャルワーク史──日本医療社会事業協会の50年』川島書店。

第Ⅰ部　生活を守る理念としくみ

小林昭彦・大鷹一郎編（1999）『わかりやすい新成年後見制度（新版）』有斐閣。

杉本敏夫監／杉本敏夫・岡田和敏編著（2004）『医療ソーシャルワーク』久美。

読者のための参考図書

児島美都子（1991）『新 医療ソーシャルワーカー論──その制度的確立をもとめて』
　　ミネルヴァ書房。

　　──医療ソーシャルワーカーの世界史，援助技術論，草創期の先達の歩みがまとめ
　　　　られた，医療ソーシャルワークのバイブル的な図書として活用できる。

小林昭彦・大鷹一郎編（1999）『わかりやすい新成年後見制度（新版）』有斐閣。

　　──成年後見制度を初歩から正確に理解するために活用できる。

第Ⅱ部

保健医療機関における
ソーシャルワーク

第6章

医療ソーシャルワークとは何か

　医療ソーシャルワークは，医療と社会福祉関連の社会保障制度や施策，保健・医療・福祉機関の機能を「社会資源」として活用することで，患者とその家族の心理的・社会的・精神的・経済的問題の解決・軽減のために直接的・専門的にソーシャルワーク技術を用いて行う対人援助サービスである。現在の医療ソーシャルワークは，医療機関内の地域連携室や医療福祉相談室において実践されている。医療ソーシャルワークは，病気やケガの予防，治療，リハビリテーションなどの医療の目的を実現するために用いられる社会福祉士による技術体系である。

　日本における医療ソーシャルワークのはじまりは，「大正から昭和の初めにかけてさまざまな形で病院医療と関連して始められた。最初は東京都（当時は東京市）の結核療養所やハンセン病（らい）の療養所で，貧困な患者の日用品費などを病院内に設置された売店の売り上げ金などで援助するというものであった」とされる[1]。

　医療ソーシャルワークの専門性についてみると，20世紀に，アメリカのキャボット（Cabot, R. C.）は「診断と利用に関係ある家族的及び社会的条件を調査して，医師に報告する。医師の指示と患者の側における実行との間に，ギャップのないように援助する。病院と患者に各種の機関・団体や個人との連絡をよくして，よき仲介者となる[2]」とし，患者の疾病の原因をそれまでの生活歴との関連でとらえること，また，経済的理由から受診できない者を治療と適切につなぎ，さらに，多忙な医師に患者の療養生活の状況を伝えることで治療効果を

第 6 章　医療ソーシャルワークとは何か

上げることを主とした。

　本章では，医療ソーシャルワークの目的と業務について紹介する。

1　医療ソーシャルワークとは

保健医療サービスの目的

　保健医療サービスは，「治療」「リハビリテーション」「疾病の予防」「健康増進」を，サービスとして国民に提供することが目的である。日本の医療機関の機能目的は「治療」を主としている。与薬，手術，リハビリテーションが施されることで患者は疾病に伴う体の痛みや精神の不調から回復できるシステムであり，医療機関通院や入院をすることで，患者の意思で必要に応じて集中的に治療を受けられる社会保障である。

　医療ソーシャルワーカーは，保健医療サービスの目的に向けてソーシャルワーク技術を用いる。メアリー・リッチモンド（Richmond, M., 1917）は，「一定の意図のもとに，個人と社会環境との関係を，個々に応じて，総合的に調整しながら，パーソナリティの発展をはかろうとするさまざまなプロセスからなるものである」とケースワークを定義しており，保健医療サービス技術の根源もここにある。時代は変化し，医療機関において社会福祉士が患者の療養生活を支援する業務体系を医療ソーシャルワークと呼んでいる。

　医療機関においては，地域医療連携室や医療相談室に配属され，基礎資格として社会福祉士を保持している必要があることから，医療機関における社会福祉系の専門職としての立場である。この立場は，患者とその家族に対して支援を行うとき，その生活面も含めて支援していくところに特徴がある。医師をはじめとした医療職チームから期待される役割としては，「患者の転入院のコーディネート機能の窓口」や，「退院の準備，社会復帰を地域の社会資源を活用して調整する」といったことがある。

85

第Ⅱ部　保健医療機関におけるソーシャルワーク

医療ソーシャルワーク業務とは

　医療ソーシャルワーカーの業務は，保健所法1947（昭和22）年により医療社会事業として推進された歴史的な初期段階では，治療効果を上げるためや諸理由から治療につながらない患者を治療につなげる役割として保健所に医療社会事業部を設けたことからはじまる。その後，予防や健康増進の施策は，老人保健法（1982（昭和57）年）の一般基本健康診断や健康増進法（2002（平成14）年）により，生活習慣病への具体策が国民の疾病予防として整った。

　このように保健医療サービスの担い手の一職種として，疾病の予防，治療にかかわること，リハビリテーション，社会復帰，更生など，生活のなかの疾病にかかわる支援チームのスタッフとして医療ソーシャルワーカーの職種が現在確立されつつあるが，課題もある。

　また，1983（昭和58）年に老人保健法における老人診療報酬点数表の退院時指導料の算定に，医療職のひとつとして医療ソーシャルワーカーの名称が加えられたことで，医療ソーシャルワーカーの職種が記された。

支援方法「介入」の視点

　医療ソーシャルワークの援助は，患者の心理的，精神的，社会的，経済的側面から総合的にみて，その解決のため，直接的・専門的に，ソーシャルワーク技術を活用した対人サービスであると同時に，対症療法的な援助である。

　患者は病気が回復した後は，これまでどおりの人生や生活を再び送ることができるようになることが究極の目的である。しかし，加齢により社会復帰しても生きがいがもてない，あるいは，復職しても病気の原因となった仕事のストレスが再来することで，また病気の再発を繰り返す者もいる。患者の社会復帰を阻む原因が社会生活にあるときは，退院後の暮らしについても入院中に相談しておく必要があり，これも医療ソーシャルワーカーの業務範囲である。この業務目的は，その人が望む幸福な人生にみずから考えて歩み始められるように支援する介入の視点が必要である。この介入により，患者をひとりの人間全体としてとらえ，疾病と向き合いつつも暮らしている相談をしていくことで，い

わゆる医学モデルとは違う「介入方法」であるライフモデルを活用した支援実践である。

医療ソーシャルワークの理論的背景

今日，治療内容の高度化や専門化が爆発的な勢いで進んでおり，特に，遺伝子治療や移植治療をはじめとした先端技術は，数年先には劇的な回復を患者にもたらす可能性がある。認知症や脊椎損傷をはじめ，慢性疾患が回復する生物・医学的発明は夢の実現であるが，その一方，最先端の医療にかかることができる機関が近くにあっても，治療費がないために病院に行けないと考えている者は，受診システムは整っていても，制度を知らなかったり，あきらめていたり，治療しようとする判断力が衰えていたりすることもある。

たとえば，医療福祉の社会改良の視点による実践では，こうした，保健医療サービスからこぼれてしまう者を察知し，医療・治療につなげ，生きようとする意欲を回復するために，一人ひとりに合った方策を治療中断した者の追跡や訪問，面接やグループワーク技術によって行うこともある。

医療ソーシャルの定義

医療福祉の主たる理論家の医療福祉の定義を紹介する。

① 浅賀ふさ

浅賀は，1894（明治27）年に愛知県半田町の酒造家の次女として生まれ，日本女子大英文科を卒業後，ボストン市，シモンズ女子大学・社会事業専門学校（大学院）に入学し，2年間，社会事業の専門教育を受け帰国し，その後，聖ルカ病院に勤務した。「MSW は（イ）単なる救済事業ではない，（ロ）医師を中心とする医療チームの一員として，医療の効果を妨げる患者の物質的・心理的・社会的障がいや困難を解決するように援助して，その属する医療（または保健）機関の目的を有効に遂行するために協力する。（ハ）ソーシャル・ケースワークの一分野で，医療（または保健）問題を主要問題とした特殊なケースワークであり，ケースワーク原理を基礎とした仕事である」と定義した。[4]

② 中島さつき

中島は，1912（大正元）年に東京都に生まれ，日本女子大学社会事業学部を卒業した。「医療ソーシャルワークとは，医療・保健の分野で行われるソーシャルワークである。医療ソーシャルワーカーがその専門的技術を用いて，医療チームに参加し，あるいは地域の人びとに協力して，医療と福祉の達成に努力することである。主として疾病の予防・治療あるいは社会復帰をさまたげている患者や，家族の社会的・心理的・経済的な問題を解決もしくは調整できるように，個人と集団を援助する仕事である」と定義した。[5]

③ 孝橋正一

孝橋は，1912（大正元）年兵庫県に生まれ京都大学を卒業した。「社会事業」は，資本主義制度の恒久的持続性と個人の人格的成長，国民の最低生活保障を図る目的があるとしたうえで[6]，医療福祉について，「社会事業の一部門として保健衛生ならびに医療上に現れる社会的障害の除去または緩和解決を，一定の社会的・組織的方法を通じて行う公・私の社会的施策の総体である」とした。[7]

④ 児島美都子

児島は，1924（大正13）年に東京に生まれ，青山学院女子専門部を卒業後，日本社会事業学校を卒業した。医療福祉の意味として「広義には，医療保障や公衆衛生による医療費保障，福祉法による医療費保障制度によって実施される政策体系をさし，狭義には，医療ソーシャルワーカーなどによる対人サービスをさすととらえられるであろう」また，「その目的は，国民の健康と福祉の向上，増進を目指すものである。すなわち医療福祉は，健康保持・予防・治療・リハビリテーションを含む包括医療を国民に権利として提供するために，その費用の保障，疾病の社会的原因，疾病と関連して生じる生活上の生涯などの問題を取り上げ，その解決をめざす政策および活動をさす。それは医療技術や専門職による医療サービスの連携によって提供されるものである」とした。[8]

患者の生活のしづらさとその本質

戦後，日本の医療社会事業は，GHQ の覚書や WHO の提言を受け，当時の

厚生省の保健所施策として，「疾病治療に伴う経済的問題」「家族や社会との関係悪化予防」を医師に伝えることを軸として始まった。しかし，医療ソーシャルワークの守備範囲と使命は，重く広い「社会問題」と向き合うものであった。

　ケースワークの母と呼ばれるリッチモンドは，医療ソーシャルワークについて，「病院にソーシャル・サービスが導入された発端は，よりよい，より永続生のある成果を目指した『先見の明』のある医者の願望にあった。人々は，社会的な洞察がかれらの診断を強化し，社会的な調整がかれらの治療を強化することを知った」とし，疾患と社会生活上の問題の関係を指摘している[9]。

　患者の生活のしづらさの発生は，家族関係，離婚，離職，傷病の罹患，社会不況や経済恐慌，戦争や紛争など，社会的要因が背景にあることはひとつの社会を貫く法則といえよう。この意味からすると，医療ソーシャルワークは，患者の生活のしづらさの本質を社会的に明らかにし，患者を支援することである。

医療システムと患者

　医療ソーシャルワークを展開していくためには，医療システムとしての医療供給システム，医療財政システムを理解しなくてはならない。医療供給システムが，病気やケガで治療や療養を必要とする患者にとって，どのようなしくみで提供されているかということである。患者自らが病院を訪問する，あるいは，救急搬送，病気予防のための検査を計画的に受診することもある。それに合わせて，医療費はどの財源から支払われるのか，患者の自己負担額についての医療財政システムはどのように制度設計されているのかといった理解も必要である。

　患者と対面する場合は，患者に不安を抱かせないようにする配慮も必要である。普段は何でもなくできることができなくなる，また，疾患の影響によりまわりの出来事の影響を受けやすくなる（バルネラビリティ）場合もある。病気や後遺症状についての知識を理解したうえで，積極的に患者の抱える問題や困難に介入する姿勢も必要である。

第Ⅱ部　保健医療機関におけるソーシャルワーク

2　医療ソーシャルワークの機能

　医療ソーシャルワークは，医療と社会福祉関連の社会保障制度や施策，保健・医療・福祉機関の機能を「社会資源」として活用することで，患者とその家族の心理的・社会的・精神的・経済的問題の解決・軽減のために直接的・専門的にソーシャルワーク技術を用いて行う対人援助サービスである。現在の医療ソーシャルワークは，医療機関内の地域連携室や医療福祉相談室において実践されている。

　対人援助サービスの技術モデルで有名なものに，ジャーメイン（Germain, C.）のライフモデルがある。これは，調査—診断—治療を用いる医学モデルに対してライフモデルと呼ばれ，生活者を環境（生活変化，人間関係過程，環境的性質）との交互作用のなかで生じる「ストレスや適合」により，「成長や後退」する過程にある存在ととらえるもので，環境と個人の間に介入して支援するモデルである。このモデルを活用することで，患者の病気面だけではなく，尊厳をもった主体者として支援することにつながる。

3　医療ソーシャルワーカーの業務指針

医療社会事業史と医療の社会性

　医療ソーシャルワークは，医療社会事業としてはじまり，医療ソーシャルワークの教育と技術体系から発展してきた。戦後の歴史を振り返ると，1947（昭和22）年保健所法第2条の6において「公共医療事業の向上及び増進に関する事項」として，はじめて公共医療事業という用語が用いられた。その後，1948（昭和23）年7月発刊のGHQによる「保健所運営指針」において「保健所における医療社会事業」について目的が示された。

　1958（昭和33）年に，厚生省公衆衛生局長通知をもって「保健所における医療社会事業の業務指針」により，医療社会事業について，医療ならびに保健機

90

関などの医療チームの一部門として，社会科学の立場から医師の診断を助けるとともに，疾病の治療，予防，更生の妨げとなる患者やその家族の経済的，精神的，あるいは社会的諸問題を解決・調整できるように，患者とその家族を援助する一連の行為と定義した。また，「ケースワーカーとして必要な条件」「保健所内の医療社会事業の向上発展と普及向上業務の企画立案」「ケースワークの実施」「グループワークの実施」「所内でのチームワーク」「関係機関，団体との連携」といった具体的な項目が示されたものの，当時の保健所業務は，結核をはじめとした乳幼児健診，予防接種などが主であった。

その後，国立療養所，労災病院，厚生年金病院における医療ソーシャルワーカーの業務指針，医療社会事業の指針がまとめられ，1988（昭和63）年厚生省において「医療ソーシャルワーカー業務指針検討会」が設置され，1989（平成元）年3月30日に業務指針として通知された。

医療ソーシャルワーカー業務指針は，病院をはじめ，診療所，介護老人保健施設，精神障害者社会復帰施設，保健所，精神保健福祉センター等さまざまな保健医療機関に配置されている医療ソーシャルワーカーの標準的業務を定めている。そのため，治療行為に近いところで医師の診療補助的な業務を担当している者や，治療行為の枠を超えたところで業務を行っている者の業務には触れられていないことから，必ずしも指針の範囲内で業務するように決めているものではない。医療は「治療医学」を中心におきつつも，疾病に伴う患者の権利擁護と生活希望の多様性を重視する方向として，「医療の社会化」がクローズアップされるようになった。

業務指針のあゆみ[10]

発展史は，GHQ 提供厚生省編纂「保健所運営指針」（1948（昭和23）年7月），から始まっている。この運営指針によると，今日の医療ソーシャルワークのはじまりは，保健所における医療社会事業として位置づけられ，「医療社会事業の扱う主要問題は病気に関連した社会的および経済的問題である」とした。また，医学的問題の完全な解決のためには，単なる治療としての医療のみでは足

第Ⅱ部　保健医療機関におけるソーシャルワーク

りないという認識にもとづいて医療社会事業が発展してきたとし，アメリカと日本の医療社会事業の実情について，GHQ の「保健所運営指針」で記している。[11]

　次に，1950（昭和25）年，厚生事務次官通達「医療社会事業の振興について」では，医療社会事業を保健所における基本的業務のひとつとした。その主管を公衆衛生局とし，行政を推進するとした。都道府県も，衛生部に医療社会事業を所管とする係を設け，「関係部課はもとより広く関係方面との一体的連絡を図り，関係職員の指導訓練の徹底と運営」を依頼した。そして，都道府県および保健所に病院代表，民生委員代表その他関係者をもって組織する医療社会事業運営協議会を設けることが指示された。

　1956（昭和31）年には，ベックマン，グェンドリン（Beckman, G.）（WHO）が，国内の医療社会事業の状況を視察し，「日本における医療社会事業視察計画に関する報告書」をまとめた。

　このなかで，地方の保健所，病院，及び診療所の医療社会事業を強化することを勧告し，保健所課の医療社会事業係に，十分に資格のあるソーシャルワーカーを配置し，技術的指導を行うことと提言した。このため，修士の学位に相当する大学院の過程の訓練が必要とし，社会事業の大学院コースの設置を呼び掛けるよう提言された。

　1958（昭和33）年「保健所における医療社会事業の業務指針」では，医療社会事業の必要性とケースワークの定義や仕事の進め方が示された。

　医療社会事業が「必要なわけ」として次のように示された。

　(1)　病気と生活
　　保健所は，結核，性病，精神病，妊産婦，乳幼児その他成人等の問題を取り扱うが，個々の患者をとりあげた時，その人は病気に対する不安や恐怖など色々な重荷を背負っている。更に，次第に複雑になっていく人間生活は「心」の苦悩をますばかりで，それらが原因で病気をおこすこともある。

第⑥章　医療ソーシャルワークとは何か

(2)　医学の専門化

　　生活面の相談や援助にあたる人は誰でもいいわけではなく，人間の心や行動を深く理解できる人，その理解にもとづいてどうしたら，その人の困難を解決できるのかの専門的知識を身につけた人，色々の法律や機関に詳しい人などの条件をもつ人でなければならない。かかる条件を身につけた医療ケースワーカーが医療チームに加わることによって，医学の専門化と分化から生まれる欠陥を補うことができるし，患者を個人および社会人として総合した「一人の人間」としての立場から扱うことができる[12]。

　1989（平成元）年に発行された，現在につながる医療ソーシャルワーカー業務指針検討会報告書「医療ソーシャルワーカー業務指針」では，業務の範囲を，①経済的問題の解決，調整援助，②療養中の心理的・社会的問題の解決，調整援助，③受診・受療援助，④退院（社会復帰）援助，⑤地域活動，に分類している。前回の業務指針に加わったものとして，患者の主体性の尊重やプラバシーの尊重，受診・受療援助の際の医師の指示のもとでの支援，問題を予測して計画的に対応するうえで，退院支援で家庭や仕事への社会復帰支援や，在宅や転院先の調整は，今日の保健医療サービスの社会状況へ対応したものとなっている。

　さらに，医療ソーシャルワーカー業務指針（2002年改正版）では，指針の趣旨文章において「医療ソーシャルワーカーは，近年，その業務の範囲が一定程度明確となったものの，一方で，患者家族のニーズは多様化しており，医療ソーシャルワーカーは，このような期待に必ずしも十分応えているとはいい難い。精神保健福祉士については，すでに精神保健福祉士法によって資格が法制化され，同法に基づき業務が行われているが，医療ソーシャルワーカー全体の業務の内容について規定したものではない」とした。この改定により，退院援助と社会復帰援助が独立した項目になり，「指導」するのではなく，「援助する，支援する，普及する」と業務の方法を改定した。

93

第Ⅱ部　保健医療機関におけるソーシャルワーク

医療福祉の本質

　医療福祉の目的は，医療法の「医療を受ける者の利益の保護及び良質かつ適切な医療を効率的に提供する体制の確保を図り，もつて国民の健康の保持に寄与することを目的とする」（第1条）とし，それは憲法第25条の「生存権」を実現することでもある。この目的に示されているように，国民の健康権に寄与するためには，医療を受ける機会を等しく保障しなくてはならない。そして，社会福祉サービスとの密接な連携により，治療後の生活へ安心して移行できるような調整を行う。そのときの相談においてソーシャルワーカーは，患者が疾病の罹患を通じて体験する感謝や不満や理不尽な思いを「多様な声」として聴くことになる。そうした思いを聴き留めてしまうのではなく，社会保障制度の欠陥や政策の不備，あるいはマンパワーの質の問題として，社会全体に対して代弁を行わなくてはならない。このように，患者とワーカーの接触面（インターフェイス）から導かれる，法制度にもないようなニーズに応える活動を，ソーシャルアクションという。このソーシャルアクションという技術は，医療福祉の本質につながる重要な機能であり，職責でもある。

　このことは，同第1条の2，「医療は，生命の尊重と個人の尊厳の保持を旨とし，医師，歯科医師，薬剤師，看護師その他の医療の担い手と医療を受ける者との信頼関係に基づき，及び医療を受ける者の心身の状況に応じて行われるとともに，その内容は，単に治療のみならず，疾病の予防のための措置及びリハビリテーションを含む良質かつ適切なものでなければならない」（第1項），「医療は，国民自らの健康の保持増進のための努力を基礎として，医療を受ける者の意向を十分に尊重し，病院，診療所，介護老人保健施設，調剤を実施する薬局その他の医療を提供する施設（以下「医療提供施設」という。），医療を受ける者の居宅等において，医療提供施設の機能に応じ効率的に，かつ，福祉サービスその他の関連するサービスとの有機的な連携を図りつつ提供されなければならない」（第2項）と示され，生命の尊重と個人の尊厳を保持する医療の担い手としても，医療ソーシャルワーカーの任務を果たしていくことになる。

　また，自らの健康の保持増進のための努力をしたくても，自分の意思で健康

生活が送れない者や低賃金のために1日に2つも3つも仕事を行わざるをえない者からの医療福祉相談を受けている。医療の担い手と患者との信頼関係にもとづいて，患者の心身や生活環境の状況に応じて，福祉サービスその他の関連するサービスと有機的な連携を図ることは，医療福祉の軸となる哲学であり，社会的責務である。

注

(1) 児島美都子・成清美治編（1997）『医療福祉概論』学文社，4。

(2) 中島さつき・杉本照子・橘高通泰編（1985）『医療ソーシャルワーカーの臨床と教育──医療と社会福祉の架け橋として』誠信書房，6。

(3) メアリー・E・リッチモンド著／杉本一義訳（1963）『人間の発見と形成』誠信書房，91-92。

(4) 児島美都子（1991）『新医療ソーシャルワーカー論──その制度的確立をもとめて』ミネルヴァ書房，162, 164, および中尾仁一（1956）『医療社会事業』メヂカルフレンド社。

(5) 中島さつき（1975）『医療ソーシャルワーク』誠信書房，1。

(6) 硯川眞旬『現代社会福祉方法体系論の研究』八千代出版，112。

(7) 硯川眞旬編（2002）『医療福祉学』みらい，20。

(8) 児島美都子・成清美治編（1997）『医療福祉概論』学文社，5。

(9) メアリー・リッチモンド著／杉本一義訳（1963）『人間の形成と発展──人生福祉学の萌芽』誠信書房，197, 198。

(10) 50周年記念誌編集委員会編（2003）『日本の医療ソーシャルワーク史──日本医療社会事業協会の50年』社団法人日本医療社会事業協会を参考に執筆。引用部分は同書，224のGHQ提供厚生省編纂「保健所運営指針」より引用。

(11) アメリカでは，マサチューセッツ総合病院で始まり，「泉橋慈善病院，東京都療養全生病院において，患者に対する助言，家庭訪問，患者の問題について相談に応ずることや，退院に関する世話等を行っており，唯一，聖ルカ病院に医療社会事業部が外国の基準を取り入れ本格的に実践している」とされる。聖ルカ病院では，アメリカ大学院の「社会事業」専攻者数人が採用され，社会事業ケース・ワークを実施した。また，社会事業部は聖ルカ看護婦専門学校の看護師を対象に社会的問題に関する講義を行い，社会事業部での実習を行ったとされる（前掲(10), 255参照）。

第Ⅱ部　保健医療機関におけるソーシャルワーク

⑿　前掲⑽, 241-242。

参考文献

児島美都子（1991）『新 医療ソーシャルワーカー論――その制度的確立をもとめて』
　　ミネルヴァ書房。

社団法人日本社会福祉士会・社団法人日本医療社会事業協会編（2009）『保健医療
　　ソーシャルワーク実践1・2・3（改訂版）』中央法規出版。

硯川眞旬編著（2002）『医療福祉学』みらい。

読者のための参考図書

児島美都子（1991）『新 医療ソーシャルワーカー論』ミネルヴァ書房。
　　――医療ソーシャルワーカーの世界史, 援助技術論, 草創期の先達の歩みがまとめ
　　　　られた, MSW のバイブル的な図書として活用できる。

児島美都子（1998）『医療ソーシャルワークの現代性と国際性』勁草書房。
　　――医療ソーシャルワークを学ぶうえで欠かせない歴史や課題, そしてイギリスの
　　　　状況に関する状況が, 事例の研究分析とともに豊富に掲載されている。

社団法人日本社会福祉士会・社団法人日本医療社会事業協会編（2009）『保健医療
　　ソーシャルワーク実践1・2・3（改訂版）』中央法規出版。
　　――保健医療ソーシャルワークの実践が網羅された体系的図書。医療ソーシャル
　　　　ワーカーをめざす者は是非持っていると便利な3分冊。

第 7 章

医療ソーシャルワークのあゆみ

　古くから中国の『論語』で，「温故知新」と記されているように，「故きを温ねて新しきを知る」ことは大切である。歴史は繰り返されるともいうが，これからをどのように生きるかを考えるうえで，過去を振り返ることに意義があるだろう。また，専門職および専門職をめざすものにおいて，その起源を学ぶことは特に重要である。本章では，みなさんに，ぜひ医療ソーシャルワーカーの起源に立ち戻って，その後のあゆみを学んでいただきたい。

　医療ソーシャルワークのあゆみについて，その起源については，ソーシャルワークと同様に，イギリス，アメリカがあげられる。そこで，本章ではまず，イギリス・アメリカの医療ソーシャルワークの誕生について紹介する。

　次に，わが国における医療ソーシャルワークの萌芽であった戦前，戦後間もない時期から，その後の医療ソーシャルワークの変遷についてたどっていく。日本の医療ソーシャルワークのあゆみは，決して順風満帆に発展していったわけではなかった。戦前戦中は太平洋戦争のあおりを受け，戦後は GHQ の指導があり，その後も，日本独特の医療体制の影響を受け，また，資格制度についての困難もあったが，ようやく医療機関における社会福祉士・精神保健福祉士の業務が一定の診療報酬上の算定がなされるようになり，医療ソーシャルワーカーは医療機関にとって経営的にも注目されるようになった。本章ではその過程を概観する。

第Ⅱ部　保健医療機関におけるソーシャルワーク

1　イギリス・アメリカにおける医療ソーシャルワークの起源

イギリスのアルモナー（Almoner）の誕生

　世界で初めて，ソーシャルワーカーが誕生したのがイギリスの COS
（Charity Organization Society：慈善組織化協会）といわれているが，医療ソーシャ
ルワーカーが誕生したのも，その COS の影響によるものである。日本医療社
会事業協会元会長の中島さつき（1980）は，アルモナー（almoner）について記
している。それによると，当時の COS にとって施療病院の外来に治療が不要
な患者があふれていることは大きな問題であった。このとき，若干28歳という
若さで COS の総幹事になったチャールズ・ロック（Charles Loch）は，施療病
院の外来の問題を解決することに情熱をもやし，1895年王室施療病院（ロイヤ
ルフリーホスピタル）に，患者の治療の要否の査定をするための職業であるアル
モナーを採用した。このアルモナーが長年の運動の末，1965年に医療ソーシャ
ルワーカーと改称されたのである。

　最初に選ばれたのが COS の地区書記をしていたメアリー・スチュアート
（Stewart, M.）であった。しかし，アルモナーに与えられた部屋は狭く，患者を
選択する権利は医師にあってアルモナーにはないとされ，患者の紹介もなかっ
た。また，一方で当初多くの患者が無料診療を乱用しているのではないかと思
われていたが，スチュアートの努力でごくわずかであったことがわかった。こ
のようななか，彼女は仕事に励み，しだいに病院内で信頼を得るようになった。
そして，職員だけでなく患者とも，調査官としてではなく親しい人間関係を作
り上げるまでになった。1897年には，病棟にも業務を拡大し，２名増員され多
くの奉仕者と合わせて医療社会事業チームができた。また，この時代としては
画期的な取り組みとして，スチュアートの発案ですべての患者のインデックス
カードが作成された。

　その後1903年には，ロンドンの７つの病院でアルモナーが採用され，新人は
王室施療病院で実習を行い，また，アルモナーは１か月に１回そこで会議をす

98

第7章　医療ソーシャルワークのあゆみ

るようになった。このように，アルモナーは誕生当時の治療の要否を査定する役割にとどまらず，専門性を高め医療ソーシャルワーカーへの道を歩み続けることとなった。

　1905年には，セント・トーマス病院に，同じくロックの推薦で，アンネ・カミンス（Cummins, A.）がアルモナーとして採用された。彼女はソーシャルワーカーとしての資質をそなえていて，多くの患者は自立を望んでいると確信し，面接によって患者自身が責任をもてるように自覚を促す援助を行った。また，地域の人々と連携するようになり，医師たちの信頼を得るようになった。

　このように，イギリスにおける医療ソーシャルワークの誕生のきっかけをつくったのはロックであるが，採用されたアルモナーたちがもともと与えられた治療の要否を査定する役割にとどまらず，患者のニーズに着目して病院内外の人間関係を形成することによって，患者の自立を促すという努力の結果が，今日の医療ソーシャルワークの専門性につながったのだといえる。

　中島さつき（1980）は以下のように述べている。「私は少し長々とイギリスの初期の人たちを書いた。しかしイギリスの歴史を知れば知るほどわが国の現状に似かよっていて，興味をひかれたからである」[2]。日本がイギリスを追いかけるかたちではあったが，このように同じ島国で急速な工業化および都市化によって，医療分野に貧困を中心とした課題が発生し，封建的な医療体制のなかでも，医療ソーシャルワークが誕生する必然性があったことが理解できる。

キャボットによるアメリカの医療ソーシャルワークの誕生

　アメリカ合衆国（以下，アメリカ）では，イギリスより遅れて1905年に，社会医学を学んでいた偉大な医師であるキャボット（Cabot, R. C.）によってマサチューセッツ総合病院（マサチューセッツ・ゼネラル・ホスピタル）に医療ソーシャルワークが誕生した。キャボット博士は，名門ハーバード大学医学部を卒業後，ボストンのマサチューセッツ総合病院の外来診療部で貧困患者の診療に追われていた。そのなかで，彼は診療を行っても，患者の生活環境のために，治療効果が上がらなかったり再発を繰り返すという現状のなかで，苦悩にさい

99

第Ⅱ部　保健医療機関におけるソーシャルワーク

なまれ自己嫌悪に陥った。しかしそのような経験のなかで，イギリスのアルモナーや疾病と社会環境との相互性を重視したフランスの結核アフターケアを研究し，彼は疾病と経済状態などの社会環境の関連性に気づき，診療に必要な情報を収集するソーシャル・アシスタント（のちに医療ソーシャルワーカーと呼ばれるようになった）の導入を考えた。最初のソーシャル・アシスタントのペルトン（Pelton）は，結核患者に対して，家庭訪問を行い住宅改善に取り組んだり，サナトリウムの入所の援助などを行った。ペルトンが働きすぎで残念なことに結核を発病し退職した後，アイダ・キャノン（Cannon, I.）が受け継いだ。彼女はもともと訪問看護師として仕事をするなかで，貧困患者の生活実態を知り，それらの問題について関心をもち，ボストン社会事業学校で学んだ経験をもっていた。キャボット博士は，キャノンにマサチューセッツ総合病院で働くように声をかけて，実に39年間働き続けることとなる。

　キャボット博士は，ソーシャルワーカーの相談に乗り，教育に力を注いだ。また，ソーシャルワーカーと協働することにより適切な診療が行われるようになったことを対外的に強調していた。キャボット博士が，病院にソーシャルワーカーを採用したことによって，封建的なイギリスと違い新天地アメリカにおいては，ニューヨーク市のベルビュー病院，バルチモアのジョン・ホプキンス大学附属病院に社会事業部が設立されるといったように発展していった。

　このようにアメリカの医療ソーシャルワークの起源において，「医療ソーシャルワーカーの父」と呼ばれたキャボット博士の努力による貢献は大きかったといえる。

2　わが国の医療ソーシャルワークのあゆみ

日本の医療ソーシャルワークの誕生

　日本の医療ソーシャルワークの起源については諸説があるといわれているが，多くの文献で紹介されているものとして，泉橋慈善病院の病院相談所があげられる。ただし，実際に相談を担当していたのは，上流婦人たちによる賛助婦人

会によるもので，専門職とはいえなかった。専門的な教育を受けた医療ソーシャルワークとしては，1926（大正15）年に済生会本部病院に済生社会部が設置されたのが最初である。キリスト教社会事業家の生江孝之がアメリカに行ったときにキャボット博士とソーシャル・アシスタントの実践を調査して，ぜひ日本に導入したいと考えていたことが実を結び，彼が教鞭をとっていた日本女子大学で社会事業を学んだ清水利子を採用した。ところが，彼女の病気により長くは続かなかった。

　しかし，1929（昭和4）年に聖路加国際病院に医療社会事業部が設置された。そのスタッフのなかには，アメリカのシモンズ社会事業学校を卒業しマサチューセッツ総合病院でキャノンから専門的指導を受けた小栗将江（後の浅賀ふさ）も含まれていた。戦後，彼女は日本医療社会事業家協会の初代会長になったのである。

　医療社会事業部では，結核の相談援助を行ったり，保健師と連携して家庭訪問も行っていた。1931年にはアメリカからヘレン・シップス（Shipps, H.）を主任として迎え業務が充実していき，業務大要も作成されるが，その後は業務内容について戦争の影響で変化せざるを得ない状況になった。戦前に本格的な医療ソーシャルワークが発展していったのであるが，残念ながら戦争が激化するなかで，他の病院に医療ソーシャルワークが拡大していくことはなかった。

3か国の医療ソーシャルワークの誕生の共通点と相違点

　イギリス・アメリカ・日本の3か国の医療ソーシャルワークの起源をみてきたが，日本医療社会事業協会の元会長の児島美都子（1991）は，その共通点について以下のように指摘している。イギリス・アメリカ・日本の3か国はいずれも資本主義国家である程度発展した独占への移行期に，医療社会問題が深刻化したことに対して，医療保障制度が確立される前の対応として，その解決を医療ソーシャルワーカーが担うことになった。その点で医療ソーシャルワーカーの活動の必然性があり存在意義もあるとしている。[3]

　次に相違点はどうだっただろうか。それは医療ソーシャルワーカーが誕生す

第Ⅱ部　保健医療機関におけるソーシャルワーク

るときの契機の違いであるといえる。医療社会問題が深刻化したときに、イギリスではその対応にかかわることができる COS の総幹事であったロックがアルモナーを配置することを考案した。また、アメリカにおいては、診療にかかわっていた一医師であるキャボット博士がソーシャル・アシスタントを採用する有用性に気づいた。しかし、日本の場合はそれまで相互扶助的に非専門家が対応してきたのを、キャボット博士の実践に影響された生江孝之や聖路加国際病院院長のトイスラー（Teusler）によって、その実践を模倣するところから始まった。

　その結果は、児島が指摘するように、イギリスにおいては社会事業の基盤から発生したため、医療内容より医療の外的な条件整備を重視し制度とのかかわりが強かった。一方でアメリカは医療活動の一環で、社会事業の技術が医療に取り入れられ、医療チームが重視された。そして、日本の場合、日本独特の医療基盤に発生したものは医療の場であるが医療とは切り離されていて、外来移入的なものとしてはアメリカの影響が強かった。[4]

日本の医療ソーシャルワークの変遷

　戦後は GHQ の要請により保健所法が改正され、それと同時にモデル保健所の杉並保健所に医療ソーシャルワーカーが配置された。その後、他のモデル保健所、国立療養所、済生会病院、日本赤十字病院などに配置が進んでいった。当時、GHQ の影響で、アメリカの心理主義的なケースワーク技法の導入が厚生省によりすすめられたが、アメリカと異なり当時の日本では結核患者を中心とした経済的な問題に対しての援助が中心になっていくことになった。

　また、職能団体として1950（昭和25）年に、愛知県医療社会事業家協会、岡山県医療社会事業協会が設立され、その後1953（昭和28）年に全国組織として、日本医療社会事業家協会が設立され、1958（昭和33）年には日本医療社会事業協会に名称変更された。日本医療社会事業協会における資格制度化運動は「医療福祉士法」試案を作成するなどの一定の成果はあったが、国家資格化は困難な状況であった。その一方で、1987（昭和62）年に社会福祉士および介護福祉

士法が制定され，厚生省は「医療福祉士仮称案」を提示するが日本医療社会事業協会の反対により資格化に至らなかった。その後，1997（平成9）年に，業務指針において医療ソーシャルワーカーに含まれる精神科医療ソーシャルワーカーも対象とした精神保健福祉士法案が成立した。その直後に開催された「医療ソーシャルワーカーの在り方等に関する検討会」において，社会福祉士の受験資格に必要な実務経験として医療機関が認められ，2006（平成18）年には社会福祉士養成実習施設として病院，診療所，介護老人保健施設が認められた。また，従来から，「医療ソーシャルワーク論」「医療福祉論」などの科目が国家試験の指定科目ではなかったことが問題視されていたが，2007（平成19）年の法改正によって，それらの科目と読み替えができる本書のタイトルでもある「保健医療サービス」が新たな指定科目として加えられた。

　日本の医療ソーシャルワークは数々の困難があったなかでも，先人の努力のおかげで一進一退の感はあるが，特に社会的な認知の面では着実に前進しているといえるだろう。読者のみなさんも後進として，ぜひ続いていただければと希望する。

注
(1)　イギリス，アメリカ，日本の医療ソーシャルワークの起源については，中島さつき（1980）『医療ソーシャルワーク』誠信書房，を参照。
(2)　中島さつき（1980）『医療ソーシャルワーク』誠信書房，36。
(3)　児島美都子（1991）『新　医療ソーシャルワーカー論——その制度的確立をもとめて』ミネルヴァ書房，2-3，8。
(4)　同上，6-7。

参考文献
安達笙子・岡田洋一編著（2010）『保健医療サービスとソーシャルワーク』法律文化社。
50周年記念誌編集委員会編（2003）『日本の医療ソーシャルワーク史——日本医療社会事業協会の50年』社団法人日本医療社会事業協会。

第Ⅱ部　保健医療機関におけるソーシャルワーク

川村匡由・室田人志編著（2011）『医療福祉論——これからの医療ソーシャルワーク』ミネルヴァ書房。

児島美都子（1991）『新　医療ソーシャルワーカー論——その制度的確立をもとめて』ミネルヴァ書房。

児島美都子・成清美治編著（2007）『現代医療福祉概論（第2版）』学文社。

公益社団法人　日本医療社会福祉協会編（2015）『保健医療ソーシャルワークの基礎——実践力の構築』相川書房。

中島さつき（1980）『医療ソーシャルワーク』誠信書房。

大野勇夫（1998）『新 医療福祉論』ミネルヴァ書房。

佐藤俊一・竹内一夫編著（1999）『医療福祉学概論——統合的な「生」の可能性を支える援助の視点』川島書店。

社団法人日本社会福祉士会・社団法人日本医療社会事業協会編（2009）『保健医療ソーシャルワーク実践1』中央法規出版。

杉本敏夫編著（2004）『医療ソーシャルワーク』久美。

田中千枝子（2008）『保健医療ソーシャルワーク論』勁草書房。

読者のための参考図書

中島さつき（1980）『医療ソーシャルワーク』誠信書房。

　　——著者は，日本医療社会事業協会の元会長であるが，医療ソーシャルワークの基本を学ぶのに最適な名著といえる。本章に該当するのは第2章の「医療社会事業の歴史」であるが，読者には医療ソーシャルワークを学ぶために全体を通してご一読されることをお勧めする。巻末には，貴重な古い資料とイギリス・アメリカ・日本他を比較した年表も掲載している。

50周年記念誌編集委員会編（2003）『日本の医療ソーシャルワーク史——日本医療社会事業協会の50年』社団法人日本医療社会事業協会。

　　——医療ソーシャルワーカーの職能団体である社団法人日本医療社会事業協会（現公益社団法人日本医療社会福祉協会）が編集しているため，日本の医療ソーシャルワークの起源および変遷について正確な情報が詳しく記載されている。特に，医療ソーシャルワーカーの職能団体の変遷については医療ソーシャルワーカーをめざす読者にはぜひ学んでいただきたい。

第8章

医療ソーシャルワークの価値と倫理

　ソーシャルワーク実践は，知識，技術，価値により導かれる。本章ではこの
3領域のうち，価値についてあつかう。まず，ソーシャルワーク実践の共通基
盤と価値を確認するとともに，医療分野における生命倫理と社会倫理を取り上
げる。そのうえで，ソーシャルワークの究極的な価値と手段としての価値，内
在的価値と外在的文化的価値といった価値の類型，ソーシャルワークのグロー
バル定義と価値について学ぶ。

　次に，医療ソーシャルワークと倫理綱領について，専門職団体と倫理綱領，
倫理的な意思決定の困難を解消するための対処方法と倫理的実践のために組織
レベルで取り組まなければならない課題について学ぶ。

1　医療ソーシャルワークの価値

ソーシャルワーク実践の共通基盤と価値

　現代ソーシャルワークは，ジェネラリスト・ソーシャルワークとして体系化
されている。ジェネラリスト・ソーシャルワークは，ソーシャルワークの対象
や領域が何であれ，それがソーシャルワークである限り，共通の基盤を兼備す
るソーシャルワークをいう。すなわち，子ども・家庭ソーシャルワーク，高齢
者ソーシャルワーク，医療ソーシャルワークなど特定の現場や状況に応じた
ソーシャルワークのなかで，ソーシャルワークが展開されるどの分野や領域に
おいても通用し，ソーシャルワークのどのような形態においても適用できる共

105

第Ⅱ部　保健医療機関におけるソーシャルワーク

通基盤があるということである。ソーシャルワーク全体に通用する共通の価値，倫理，知識，技能，過程を重視するソーシャルワークの体系がジェネラリスト・ソーシャルワークである。

　バートレット（Bartlett, H. M., 2009）は，「価値の総体」「知識の総体」および「調整活動」をソーシャルワーク実践の共通基盤とした。そのうえで，「価値と知識は，ソーシャル・ワーク実践者の調整活動に基づく活動へ導いていく」と指摘し，価値と知識が主として方法と技法を規定していることを明らかにした。[1]

　価値はソーシャルワーク実践においてどのように作用するのかについて，ピンカスとミナハン（1980）は，クライエントとソーシャルワーカーが結ぶ関係の種類，クライエントの何が問題かを規定する仕方，設定する変革目標，変革目標達成のための手段などソーシャルワーク実践のすべてに価値は浸透していくとした。[2]

ソーシャルワークの価値と生命倫理

　医療分野のソーシャルワーク専門職は医療チームの一員である。医療分野における多様な領域の専門職と学際的な環境では，関係する他の専門職の価値基盤を学習することが大切である。それでは，ソーシャルワーク専門職の価値と医療分野で働く専門職が保持する価値は同じものだろうか。

　人間は生物の一種としての生命の維持存続をめざす生物的存在であり，そして他者とのかかわりでそれを実現している社会的存在であり，よりよい生き方を志向している精神的存在でもある。医学と医療は生物的存在としての人を対象とし，病気やケガといった生命にかかわる価値と倫理に関する生命倫理を問題とする。ソーシャルワークは社会的存在としての人を対象とし，社会のなかで生活する人の尊厳，貧困，差別など社会における不正義にかかわる価値と倫理に関する社会倫理を問題とする。

　人々が病気やケガを恐れるのは，その発生が生命を脅かしたり，生きることやよりよい毎日の生活を営むことやそれぞれの人なりに納得でき，満足できる人生を送ることへの障がいになると受けとめられてきたためである。そうであ

第8章　医療ソーシャルワークの価値と倫理

るならば，医療分野には，医療における人間の「生命に関する価値・倫理」と
ソーシャルワークにおける人間の「社会や Life（生命・生活・人生）に関する価
値・倫理」の両者が求められる。

究極的な価値と手段としての価値

　バートレット（1978）は，ソーシャルワークの価値を，「究極的な価値」と
「手段としての価値」に分けている。第1の「究極的な価値」とは目標や理念
にかかわる概念で，ソーシャルワーカーが遵守すべき基本理念のことである。[3]
その内容は必ずしも統一されてはいないが，たとえばブトゥリム（Butrym, Z.,
1986）は人間の本質に内在する，普遍的価値から引き出される次の3つの価値
前提をあげている。

①　人間尊重

②　人間の社会性に対する信念

③　人間の変化，成長および向上の可能性に対する信念

　ブトゥリムは，これらの3つの価値前提は極めて抽象度の高い価値に関する
ことであり，これらの価値は，それ自体としてはソーシャルワークに固有とは
いえないが，ソーシャルワークに不可欠の価値であるとしている。[4]

　第2の「手段としての価値」とは，「究極的な価値」を達成する手段にかか
わる概念である。ソーシャルワーク実践を具体的に展開していく際に依拠すべ
きもので，実践の原則として体系化されている。バートレットは，手段として
の価値は究極的で包括的な価値から引き出されたり，関連づけられて両者の価
値は相互に関連しているとしている。そして「秘密保持」を例示している。

内在的価値体系と外在的文化的価値体系

　平塚良子（2004）は，「人間福祉にはソーシャルワーカーの実践に現される
人間福祉独自の自己展開を促す内発的な価値，すなわち，内在的な価値体系と，
外部からこれに作用する外在的文化的価値体系とがある」とし，「二つの価値
体系は相互に規定しあう関係にある」と述べている。そのうえで，「内在的な

107

第Ⅱ部　保健医療機関におけるソーシャルワーク

価値体系には，福祉価値（理念型としての価値）と専門職業の価値（専門職の実践型としての価値）とがある」としている。[5]

　「福祉価値」の主要と思われる価値は，人間尊重，社会連帯，社会正義と権利保障，人権尊重である。バートレットの「究極的な価値」に相当する。「専門職業の価値」は，ソーシャルワーク専門職の援助行為の全過程を導く原理・原則的な価値のことであり，バートレットの「手段としての価値」に相当する。具体的には，バイスティックの7原則を想定すると理解しやすいが，ミクロの[6]視点に限らず，「専門職業の価値は，利用者サイドに立ち利用者の生活擁護のために社会的価値や集団的価値などに影響をおよぼし，現行の枠組みを変える機能をも発揮していかなければならないソーシャル・アクション，社会変革を価値として含んでいる」としており，マクロの視点も見落としてはならない。[7]

　一方，外在的文化的価値体系は，「社会的価値」「集団的価値」「個人的価値」から構成されている。「社会的価値」は，社会福祉の概念的性格，制度の全体を方向づけ規定する社会の価値である。社会全体の集合的な価値意識が象徴的に作用したもので，社会福祉制度を全体的に統制する価値である。福祉制度の維持・存続，改変等において根拠ないし理由を与える機能を果たす。たとえば，景気低迷を理由に社会福祉を抑制する価値が強まり，社会的価値を構成することもあり得る。「集団的価値」は，人々が所属する各種集団の価値，ソーシャルワークが制度的に機能する機関や組織体がもつ価値，専門職集団が適切に機能するための価値である。「個人的価値」は，個人の生活史のなかでさまざまな人や社会から影響を受け，かたちづくられた個人としての嗜好や選択基準，価値観を意味している。

　これまでは，社会正義や人権尊重等のように「内在的価値体系」を構成する「福祉価値」と専門的支援関係を形成し支援を展開するうえで支援者がもっていなければならない価値，すなわち，バイスティックの原則として知られる個別化の原理や受容の原則，非審判的態度の原則など「専門職業の価値」の重要性が強調されてきた。しかし，近年，「外在的文化的価値体系」にかかわって，ことに経済成長と関連してマクロレベル（政治的レベル）が「内在的価値体系」

第8章 医療ソーシャルワークの価値と倫理

に影響をおよぼしている側面にも留意しなければならない。

ソーシャルワークの価値とソーシャルワークのグローバル定義

　ソーシャルワークの価値や倫理について考えていく際には，ソーシャルワーク専門職の定義，とりわけソーシャルワークのグローバル定義[8]を参照する必要がある。

　グローバル定義は，ソーシャルワーク専門職の中核となる任務に社会変革と社会開発，社会的結束，人々のエンパワメントと解放を掲げている。原則として人間の内在的価値と尊厳の尊重，危害を加えないこと，多様性の尊重，人権と社会正義の支持を掲げている。

　原則の注釈では，人権と集団的責任の共存の必要性に関連して，「そもそも文化とは社会的に構成されるダイナミックなものであり，解体され，変化しうるものである」との考え方を基本に，「文化的信念，価値，および伝統が人々の基本的人権を侵害するところでは，基本的人権アプローチが建設的な対決と変化を促すかもしれない」と提案している。基本的人権アプローチとは，「特定の文化的価値・信念・伝統を深く理解した上で，人権という（特定の文化よりも）広範な問題に関して，その文化的集団のメンバーと批判的で思慮深い対話を行う」ことを促し，共同体のなかで互恵的な関係を確立するアプローチのことである。

　グローバル定義では，これまで以上に外在的文化的価値体系（グローバル定義では「さまざまな構造」と表現されている）に対するアプローチの重要性が強調されている。グローバル定義は「社会正義，人権，集団的責任，および多様性尊重の諸原理は，ソーシャルワークの中核をなす」と明記している。そして社会の中にある不平等・差別・搾取・抑圧が社会正義や人権にとって構造的障壁になることを明確にし，社会の中にあるこれらの構造的障壁に対処することを，ソーシャルワークの基本原理とすることを明記している。

109

第Ⅱ部 保健医療機関におけるソーシャルワーク

2 医療ソーシャルワークと倫理綱領

ソーシャルワーク倫理の必要性

　ソーシャルワークは大変現実的な仕事であり，福祉サービスを必要とする人々はしばしば社会で最も脆弱（バルネラブル）な人たちである。この理由だけでも，倫理的で，思慮深く，価値を大切にした方法でソーシャルワークが実践されなければならないことの大切さがわかる。ソーシャルワーク倫理の原則がなぜ必要なのか。レヴィ（Levy, C. S., 1994）は，「ソーシャルワーク倫理の原則は，ソーシャルワーカーが援助すると期待されている人びと，あるいはソーシャルワーカーが専門的立場から影響を与えることになる人びとを搾取するのを予防する──あるいは少なくとも思い止まらせる，もしくは防止することを意図している」と述べている。また，倫理綱領はソーシャルワーカーのあるべき行動を具体的に描写したものであり，ソーシャルワーカーが仕事のなかでかかわる人々の権利擁護に関するものである。ソーシャルワーカーの倫理綱領は法律と異なり，綱領に賛同しない者に影響をおよぼさない。しかし，賛同する者には「すべし（すべきでない）」という規範性（指令性）が生まれるのである。倫理は，第1に利用者に対してのものであると同時に，ソーシャルワークの公共性の観点から社会的信頼性に応えるものである。

専門職団体とわが国の医療ソーシャルワーカー倫理綱領

　わが国のソーシャルワークの専門職団体である日本医療社会福祉協会，日本ソーシャルワーカー協会，日本精神保健福祉士協会，日本社会福祉士会の4団体は従来の倫理綱領を改定し，2005（平成17）年に国際ソーシャルワーカー連盟（IFSW）の倫理原則に準拠した4団体共通の倫理綱領を採択した。倫理綱領は，「前文」「価値と原則」「倫理基準」からなっている。行動基準は各団体が実践現場の特徴に応じてそれぞれに作成している。

　医療ソーシャルワーカーの倫理綱領について以下に述べる。前文では，文中

第8章　医療ソーシャルワークの価値と倫理

に国際ソーシャルワーカー連盟（IFSW）が2000年に採択したソーシャルワークの定義を加えることで，ソーシャルワークとは何か，ソーシャルワーカーとは何か，倫理綱領とは何かについて説明している。さらに，ソーシャルワーカーのよりどころが「人権と社会正義」であることを明らかにしている。価値と原則では，①人間の尊厳，②社会正義，③貢献，④誠実，⑤専門的力量の5つの価値およびそれぞれの原則が明記されている。倫理基準では，①利用者に対する倫理責任，②実践現場における倫理責任，③社会に対する倫理責任および④専門職としての倫理責任の4つを提示している。日本医療社会福祉協会は，医療ソーシャルワーカーが実践場面の具体的な状況で従うべき倫理的ルールや具体的行動をまとめた「行動基準」を，2007（平成19）年に制定している。

　倫理はソーシャルワーク専門職団体が規制するだけではない。医療サービス提供機関や政府によっても求められる。2002（平成14）年に厚生労働省健康局長通知として出された「医療ソーシャルワーカー業務指針」では医療ソーシャルワーカーの標準的業務を定めているが，「3　業務の方法等」において，「患者の主体性の尊重」「プライバシーの保護」を求めている。

　日本のソーシャルワーク4団体が採択している倫理綱領は国際基準に準拠しているので，ソーシャルワークの実践に際しては，この倫理綱領が最も重要である。医療ソーシャルワーカーの倫理綱領と業務指針を通してソーシャルワーク実践の価値と倫理の内容について検討し，確認していくことが大切である。全文を熟読し，考察を加え，その内容を修得することが，利用者はもちろん，社会的信頼に応えることになる。

倫理的な意思決定に伴う困難

　医療分野のソーシャルワークにおける倫理的な選択や意思決定は，早急に，あるいはあわただしく，混乱している実践状況のなかでなされることが少なくない。一方，診断や治療の中身が非常に専門的になり，患者・家族にはよほど丁寧な説明がないと，理解が難しくなっている。加えて，慢性病が増えるなど国民の疾病構造が大きく変わり，患者は病気の性質と治療の過程を理解して，

III

第Ⅱ部　保健医療機関におけるソーシャルワーク

病気とともにどう生きていくかを見定める時代になってきている。医療者から専門的・科学的なアドバイスが行われたとしても必ずしも科学性が優先されず，患者個人の価値観，健康観，人生観，社会生活状況，家族と社会の支援システムなど，患者の個別性を優先することがあり得る時代になってきている。患者の自律・自己決定を尊重することは極めて重要である。特に「否定の自由」は大切で，患者がサービスを受け入れるか，拒否するかを決定する際には，誰からも干渉されることなく，どのように行動し，振る舞うかを選ぶことができなければならない。患者に自傷の危険性があるとしても，自分が選んだ方法で行動することが許されるべきだというのが「自己決定の尊重」である。けれども現実的には倫理綱領にもとづき，自己決定を制限しているといえるだろう。「利用者の利益の最優先」や意思決定能力の不十分な患者に対して常に最善の方法を用いて患者の利益と権利を擁護する，「利用者の意思決定能力への対応」を適用している。

　ソーシャルワークは個人的に提供されるものではなく，公共性をもつ活動である。多くの場合，根拠となる法律にもとづいたり，実施機関の目的や使命に即して，すなわち社会的責任の明確な自覚をもって行われ，患者の人権とニーズを中心に展開される。どのような実践場面においても，合法的であるとともに倫理的であり，同時に専門職としての自由裁量と判断を効果的に行使して患者を支援することは容易なことではない。こうした状況で，ソーシャルワーク専門職が患者にとって最良の選択をしようとするとき，相反する複数の倫理的根拠が存在し，どれも価値がありそうに思える場合に板ばさみとなって，どちらとも決めかねる状態に陥ることは少なくない。

　価値と倫理規定が，いつも正しいとはいえないが，倫理綱領の意義のひとつは，ソーシャルワーカーの倫理的判断の指針となることである。ジョンソンとヤンカ（Johnson, L. C. & Yanca, S. J., 2012）は，「すべてのソーシャルワーカーは常に準拠すべき倫理綱領のコピーを持ち，そこに書かれていることを身近に感じなければならない」と述べている。しかし続けて，「ソーシャルワーカーがこれらの価値に基づいて活動しようとすると，それが容易でもなければ単純で

第8章 医療ソーシャルワークの価値と倫理

もないことがすぐに明らかになる」と述べている。

倫理的意思決定が困難なときの対処方法——生態学的・エコシステム思考の活用

ソーシャルワーク専門職がクライエントにとって最良の選択をしようとするとき，相反する複数の倫理的根拠が存在し，どれも価値がありそうに思える場合に板ばさみとなって，どちらとも決めかねる状態に陥ることは少なくない。倫理的意思決定の困難は，患者のエコシステムの一部である環境との相互作用において生じていると考えることができる。エコシステムはシステム論と生態学理論の融合のなかで構築されてきたもので，「環境の中の人」は，エコシステムを代表する用語である。人はその環境によって影響を受け，また人の行為は環境に影響をおよぼしている。このように人とその環境は，さまざまな部分が相互依存している総合体と考えられている。したがって，倫理的意思決定が困難な状況は，決してひとつの要素に起因するのではなく，その上位（下位）システムとの交互作用関係で生じていると考えて，ミクロシステム，メゾシステム，およびマクロシステムの3層のシステムとその関連を見すえて取り組むことが有効である。すなわち，ミクロレベルでAとBの間で倫理的意思決定の困難が起きている思われるときでも，AかBかのどちらかを「すべてか無か」で選びとるのではなく，たとえば，より大きなメゾレベルの文脈であるCを考慮に入れることでAもBも両方をともに成り立たせる。あるいは全く別のマクロレベルの選択肢Dを提示して，AとBの間の倫理的意思決定の困難状況を無意味化し，倫理的な対立を分解させてしまうといった多面的な展開が可能となる。

患者が自己や他者に対する危険を示した場合の自己決定とソーシャルワーカーの秘密保持に関する議論においては，より高次の価値や倫理原則，たとえば，生命・安全・ウェルビーイングが優先されることがよく知られている。虐待被害者と加害者の事例では，加害者自身が過去に虐待被害者の経験があったり，現在でも家庭のなかや職場，地域社会で人権侵害の被害者であったりする

113

第Ⅱ部　保健医療機関におけるソーシャルワーク

場合がある。深刻な人権侵害の周囲に複数の権利侵害が存在する場合が少なくない。倫理的意思決定の困難を解決するためには，ひとつだけの狭いシステムのなかでAかBかを選択しなければならないと思い込むような二分法のわなに陥らないことが大切である。生態学的・エコシステム思考を活用し，状況の全体的把握を行うことが大切であり，そのためには価値の多様性と包摂性を認めた取り組みが求められる。

倫理的実践の環境づくり

　ソーシャルワーク専門職は倫理的な選択や判断をすることから逃れられない職種であり，高い倫理性が求められる。行動倫理学の研究者のベイザーマンとテンブランセン（Bazerman, M. H. & Tenbrunsel, A. E., 2013）は研究結果にもとづき，「自分の倫理性を過大評価した経験をもたない人はまずいない。ほとんどの人は自分で思っているほど倫理的な人間ではないのに，そういう自己認識と現実とのギャップに気づいていないのだ」と指摘して，個人レベル，組織レベル，社会レベルの倫理ギャップを取りあげている。[11]そして，倫理的意思決定ができず，非倫理的行動が起きやすい環境は，時間的プレッシャーが厳しい場合や，さらに個人やグループが孤立している場合や誰かの意向に従うように求められるかたちで一面的な目標を追求したり，結果偏重のバイアスがある場合が少なくないと述べている。こうした環境では，倫理的行動をしようとする内面からわき上がる動機を抱けなくなるのである。すなわち，「自分は誰かの意向に，あるいは自分が所属する組織や機関の暗黙の価値観（組織の文化）や意向に従って業務を行ったにすぎないのであり，このことが倫理的意思決定に関連があるとは思いもしなかった」というように，意思決定の過程で倫理が抜け落ちてしまうことが生じると述べている。

　病院に勤務する者には「平均在院日数の短縮」と「病床利用率の上昇」を同時に達成することが重要な経営課題である。一方，患者の立場からは，必要な医療が，必要なときに，必要なだけ利用できることが求められている。たとえば，医療ソーシャルワーカーが，退院を促進して経営課題を達成するという一

第 8 章　医療ソーシャルワークの価値と倫理

面的な目標を，しかも，誰かの意向に従うかたちでお仕着せの動機で追求すると，医療ソーシャルワークの価値・倫理に基づいて行動しようという内面からの動機を抱けなくなる危険がある。

ソーシャルワークに要請される高い倫理性はひとりのソーシャルワーク専門職の取り組みやその努力に求めるのではなく，スーパービジョン体制や第三者評価制度を含むソーシャルワーク実践の公開性を組み込みつつ，職場全体による自己評価・自己点検，さらには専門職団体による研修体制の確立など，倫理実践の環境が制度的に整えられなければならない。

さらに，倫理的意思決定をする場合には，行為の影響を受ける人の発言を聴取することが最も重要であり，倫理の成立（私たちの行動が倫理的であったか）には行為の影響を受ける人との直接的なコミュニケーションや討議という手続きが不可欠であることについても留意しなければならない。

注

(1) バートレット，H. M. 著／小松源助訳（2009）『社会福祉実践の共通基盤』ミネルヴァ書房，141-142。

(2) ピンカス，A., ミナハン，A.（1980）「ソーシャルワーク実践のモデル」スペクト，H., ヴィッケリー，A. 編／岡村重夫・小松源助監修訳『社会福祉実践方法の統合化』ミネルヴァ書房，118。

(3) 前掲(1)，65。

(4) ブトゥリム，Z. T. 著／川田誉音訳（1986）『ソーシャルワークとは何か──その本質と機能』川島書店，59-66。

(5) 平塚良子（2004）「人間福祉における価値」秋山智久・平塚良子・横山穣『人間福祉の哲学』ミネルヴァ書房，80-94。

(6) バイスティック，F. P. 著／尾崎新ほか訳（2006）『ケースワークの原則──援助関係を形成する技法（新訳改訂版）』誠信書房，参照。相談援助にたずさわる援助者が遵守すべき原則として，①個別化，②意図的な感情の表出，③統制された情緒関与，④受容，⑤非審判的態度，⑥自己決定，⑦秘密保持をあげている。

(7) 平塚良子（2004）「社会福祉援助技術の目的・価値と倫理・原則」岡本民夫監修『社会福祉援助技術論上』川島書店，99。

第Ⅱ部　保健医療機関におけるソーシャルワーク

(8)　日本社会福祉教育学校連盟・社会福祉専門職団体協議会訳（2014）「ソーシャルワークのグローバル定義」。

(9)　レヴィ，C. S. 著／小松源助訳（1994）『ソーシャルワーク倫理の指針』勁草書房，29。

(10)　ジョンソン L. C., ヤンカ S. J. 著／山辺朗子・岩間伸之訳（2012）『ジェネラリスト・ソーシャルワーク』ミネルヴァ書房，68-73。

(11)　ベイザーマン，M. H., テンブランセン，A. E. 著／谷本寛治・池村千秋訳（2013）『倫理の死角──なぜ人と企業は判断を誤るのか』NTT 出版，2-32。

参考文献

秋山智久・平塚良子・横山穣（2004）『人間福祉の哲学』ミネルヴァ書房。

バートレット，H. M 著／小松源助訳（2009）『社会福祉実践の共通基盤』ミネルヴァ書房。

ベイザーマン，M. H., テンブランセン，A. E. 著／谷本寛治・池村千秋訳（2013）『倫理の死角──なぜ人と企業は判断を誤るのか』NTT 出版。

ブトゥリム，Z. T. 著／川田誉音訳（1986）『ソーシャルワークとは何か──その本質と機能』川島書店。

ジョンソン L. C., ヤンカ S. J. 著／山辺朗子・岩間伸之訳（2012）『ジェネラリスト・ソーシャルワーク』ミネルヴァ書房。

レヴィ，C. S. 著／小松源助訳（1994）『ソーシャルワーク倫理の指針』勁草書房。

日本社会福祉教育学校連盟・社会福祉専門職団体協議会訳（2014）「ソーシャルワークのグローバル定義」。

スペクト，H., ヴィッケリー，A. 編／岡村重夫・小松源助監訳（1980）『社会福祉実践方法の統合化』ミネルヴァ書房，118。

読者のための参考図書

ヘップワース，D. H. ほか著／武田信子監修・北島英活ほか監訳（2015）『ダイレクトソーシャルワーク──対人支援の理論と技術』明石書店。
　　──ソーシャルワークの中核的価値とそれがどのように実践されるかについて，事例を通じて学ぶことができる。該当する章は 1 章と 4 章である。

「医療ソーシャルワーカー倫理綱領」および「医療ソーシャルワーカー業務指針」。
　　──価値・原則，倫理基準にもとづいた実践を進めるために，両文書を熟読しておくべきである。本書巻末資料として，「医療ソーシャルワーカー業務指針」を掲載している。また，日本医療社会福祉協会ホームページからダウンロードできる。

第 ⑨ 章

医療ソーシャルワークの専門知識

　ある職種が専門性をもつためには，その職務に応じた固有の価値・理念・原則・態度・知識・技術を身につけていることが求められる[1]。また社会福祉専門職の条件のひとつとして，体系的な理論や伝達可能な技術があげられる[2]。医療ソーシャルワークが専門職業分野であるならば，当然，専門職として身につけておくべき専門知識が存在する。本章では，医療ソーシャルワークにおける専門知識について，そもそも専門知識とは何かについて概観する。また第2節では専門職養成課程における医療ソーシャルワーク教育，第3節では現任者教育について，それぞれの内容についてまとめ，医療ソーシャルワーカーにとって専門知識がどのような意義をもつのかを整理する。

1　医療ソーシャルワークにおける専門的知識

ソーシャルワーカーがもつべき知識

　人と人を取り巻く環境としての人や組織，制度などのシステムに働きかけて，人々の課題を解決，軽減するソーシャルワーカーにとって，不必要な知識など存在しない。文学や芸術などの人文科学や，法学，経済学，社会学，心理学などの社会科学，そして自然科学の基礎的教養は，クライエントを理解し，より適切な支援を模索する際の根拠となる。過去の出来事や現在の流行，地域特性や文化についての知識は，クライエントの生きている世界に近づくための手段となり，信頼関係の構築にもつながる。ソーシャルワーカーには，常に社会の

117

動向を敏感に観察し，貪欲に知識を吸収する姿勢が求められる。

　2007（平成19）年12月「社会福祉及び介護福祉士法等の一部を改正する法律について」（厚生労働省社会・援護局長通知）では，国民の福祉ニーズに応じるために今後社会福祉士が身につけるべき知識として，「福祉課題を抱えた者からの相談への対応や，これを受けて総合的かつ包括的にサービスを提供することの必要性，その在り方等に係る専門的知識」と「虐待防止，就労支援，権利擁護，孤立防止，生きがい創出，健康維持等にかかわる関連サービスに関わる基礎的知識」をあげている。クライエントの生活全般，つまり，クライエントを取り巻く家族や社会等の環境にかかわり，また目の前のクライエント個人にとどまらず広く地域住民の生活全般について考察できるだけの専門的知識と，さまざまな具体的サービスに関する基礎的知識の両方をもつ必要性を示している。

医療ソーシャルワーカーがもつべき専門知識

　医療ソーシャルワーカーが知識を活用してクライエントを援助する実践活動は本書第Ⅲ部で詳しく紹介しているが，医療ソーシャルワークの対象は幅広い。新生児から高齢者に至るすべての年齢層の人々はもちろん，時には出生前や死亡後にもかかわる。さまざまな立場や職業の人々の，さまざまな疾患，症状，障がいにかかわり，対応すべき課題は生活全般，時には人生そのもののありようにもかかわる。また増加し続ける医療費を抑制し，効率的・効果的な医療の提供をめざして医療機関の機能分化が進められてきた結果，医療は一機関完結型ではなく地域完結型となった。地域包括ケアが提言される以前から，医療ソーシャルワーカーは，保健・医療・福祉の連携を実践してきたといえる。連携対象となる機関や根拠法，保健・医療・福祉を取り巻く社会全体の動向についての知識も必要である。

医療ソーシャルワーカーと医学的知識

　医療ソーシャルワーカーは，主に保健医療機関で患者および家族を支援するため，疾患や障がいが，生活にどのような影響を与えるのかを思い描くための

医学的知識が必要不可欠である。原因，症状，治療方法，後遺症，留意事項や禁忌などの医学的事柄についての基本的知識がなければ，相談に応じられない。社会福祉士養成課程で学ぶ「人体の構造と機能及び疾病」の国家試験出題基準は，1. 人の成長・発達，2. 心身機能と身体構造の概要，3. 国際生活機能分類（ICF）の基本的考え方と概要，4. 健康の捉え方，5. 疾病と障害の概要，6. リハビリテーションの概要である。医療ソーシャルワーカーは，こうした人体に関する知識と生活とを結びつけて理解することが必要である。所属する医療機関によって，出会う疾病はある程度特徴づけられるが，まず，国民医療費のなかで大きな割合を占める生活習慣病である，がん，心疾患，脳血管疾患，糖尿病や高血圧，骨折や関節疾患，そして認知症について学んでおくとよい。脳血管疾患による症状や後遺症の状態，がんの進行によって生じる心身の症状，必要な服薬の回数と内容，飲み忘れた場合どの程度危険なのか，受診の頻度，発作が起こる可能性など，疾患や障がいの特性を理解したうえで，患者が適切に医療を活用しながら生活していけるよう支援する。

　医療ソーシャルワーカー業務指針に示されているように，「生活者である人」を「患者」にしている疾患についての知識と，彼らが抱える問題についての知識が必要である。医療の専門性の高さから，医師は疾病を診る，看護師は患者を看る，ソーシャルワーカーは生活を視る，などといわれた時代もあるようだが，近年では，各専門職が患者を全人的にとらえ，協働して働きかけるチーム医療の重要性が認識されている。医療ソーシャルワーカーは，「医療」という社会福祉の二次分野で，数少ない「社会福祉専門職」として機能するために，医学的知識をもったうえで，患者と患者を取り巻く環境をとらえる視点をもたねばならない。

2　医療ソーシャルワーク教育

　本節では，社会福祉士養成課程における「医療ソーシャルワーク教育」について整理する。

第Ⅱ部　保健医療機関におけるソーシャルワーク

医療ソーシャルワーク教育と社会福祉士資格[3]

　病院や診療所などの医療機関が社会福祉士の実務経験に加えられたのは，社会福祉士及び介護福祉士法制定から11年を経た1998（平成10）年だった。[4]以後，医療機関で勤務するソーシャルワーカーは，要件を満たせば実習を免除されることとなり，2006（平成18）年に病院および診療所が社会福祉士の指定実習施設に加えられた。2009（平成21）年にはカリキュラム改正が実施され，従来，原則として内科医師である教員が担当すべきとされていた「医学一般」（60時間）の代替として「人体の機能と構造」（30時間）と「保健医療サービス」（30時間）が設定された。ここで，ようやく医療ソーシャルワーカーに必要な最低限の知識を学べる科目が誕生したといえる。

　社会福祉士国家試験「保健医療サービス」の出題基準は，1. 医療保険制度（①医療保険制度の概要，②医療費に関する政策動向），2. 診療報酬　3. 保健医療サービスの概要（①医療施設の概要，②保健医療対策の概要），4. 保健医療サービスにおける専門職の役割と実際（①医師の役割，②インフォームドコンセントの意義と実際，③保健師，看護師等の役割，④作業療法士，理学療法士，言語聴覚士等の役割，⑤医療ソーシャルワーカーの役割），5. 保健医療サービス関係者との連携と実際（①医師，保健師，看護師等との連携，②地域の社会資源との連携）である。

ソーシャルワークにおけるコンピテンシー

　日本社会福祉教育学校連盟は報告書の中では，コンピテンシー（competency）を「専門力量」や「能力」と訳している。[5][6]ボーゴと高橋は，ソーシャルワーク実践におけるコンピテンシーをソーシャルワーク実践に必要な知識（knowledge），技術（skills），判断（judgement）とし，単なる「能力」とは意味が異なるとしている。[7]これらのことから，ソーシャルワークにおけるコンピテンシーは，「専門職として状況に応じて適切に実践できる能力」つまり個別的に対応できる能力を示していると考えられる。

　ソーシャルワーカーとして修得しておくべき知識や態度を「コンピテンシー」として，学生の到達度について評価する試みが実施されている。日本社会福祉

第⑨章　医療ソーシャルワークの専門知識

士養成校協会をはじめ，各養成校が工夫を加えたコンピテンシー項目が示され
ている[8][9]。

　コンピテンシーを評価するための新たな試みとして，医学部等で臨床実習前
の共用試験として導入されている CBT（Computer Based Testing：客観試験）と
OSCE（Objective Structured Clinical Examination：客観臨床能力試験）が挙げられ
る。CBT は臨床実習前に身につけておくべき知識の習得を確認するための試
験で，コンピューター上で受験・解答する，一方 OSCE は模擬患者を用いた
シミュレーションによって，診断のための手技，患者に対する態度や面接技術
などを評価する[10]。社会福祉士養成課程においても，実習前評価システムの一環
として取り入れられつつある[11][20][3]。

　ソーシャルワーカーは，幅広い分野・対象に対し，さまざまな解決方法を用
いて働きかけるジェネラリストとしての能力，つまり「総合的かつ包括的な相
談援助」能力が求められる。日本社会福祉教育学校連盟が示した社会福祉教育
におけるコア・カリキュラムでは，養成課程の段階で一定の「能力」を身につ
けるために，まず「知識」を修得し，求められる能力について説明できること，
すなわち能力を発揮できる前提として知識が求められている。

3　現任者教育

　医療ソーシャルワーカーの現任者教育は，専門職団体で実施されている。

認定社会福祉士認証・認定機構による認定社会福祉士制度

　社会福祉士制度成立後，より専門的知識や技能をもった社会福祉士養成の必
要性が指摘されるなか，2011（平成23）年10月，認定社会福祉士認証・認定機[14]
構が設立された。認定社会福祉士は，高度な専門知識と熟練した技術を用いて
個別支援，他職種連携および地域福祉の増進を行うことができる能力を有する
こと，上級認定社会福祉士は，質の高い業務の実践に加えて，人材育成におい
て他の社会福祉士に対する指導的役割を果たし，かつ実践の科学化を行うこと

第Ⅱ部　保健医療機関におけるソーシャルワーク

ができる能力を有することが求められている。認定社会福祉士は，共通専門研修に加えて分野別専門研修を受講し，スーパービジョンを受けることが認定条件となる。ちなみに，2017（平成29）年8月2日現在の認定社会福祉士数は，「高齢分野」118名，「障害分野」44名，「児童・家庭分野」21名，「医療分野」256人，「地域・多文化分野」30人である。「医療分野」の認定社会福祉士数が突出して多い。2015（平成27）年3月現在，日本社会福祉士会会員3万7010人のうち，医療機関で勤務する会員は10.3％であり，保健医療分野の認定福祉士取得割合は高いといえる。医療ソーシャルワーカーの職能団体である「日本医療社会福祉協会」が従来から研修体制を確立していたため，認定に必要な分野別研修を準備できたことが大きな理由としてあげられるだろう。加えて医療分野で勤務するソーシャルワーカーは，医師や看護師の認定制度等から刺激を受け，自らも専門性を高めようとした結果ではないかと考えられる。

実習指導者講習会

　2009（平成21）年から実施された社会福祉士養成課程における教育内容の改訂では，社会福祉士養成課程における実習の基本的枠組みとして，実習は厚生労働省が定める一定の基準にもとづき実施されるものであることが示された。実習指導者については「社会福祉士の資格を取得した後，相談援助の業務に3年以上従事」し，かつ「実習指導者講習会の課程を修了した者」という要件（平成24年3月までは経過措置）を定め，厚生労働省への登録制とした。

　実習指導者講習会は各都道府県の社会福祉士会が開催し，①実習指導概論，②実習マネジメン論，③実習プログラミング論，④実習スーパービジョン論（講義，演習）について学ぶ。また日本医療社会福祉協会は，修了者は社会福祉士実習指導者として登録できる「実習指導者養成認定研修」を独自に実施している。

　ただし，保健医療機関におけるソーシャルワーク実習は，社会福祉士資格制定前から任意実習として行われてきた歴史がある。2006（平成18）年度に一般社団法人日本社会福祉教育学校連盟会員である4年制大学141校を対象として

第⑨章　医療ソーシャルワークの専門知識

行った調査では，回答を寄せた91校のうち2005（平成17）年度までに実習科目を開講していた大学は22校（34％）であり，古くは1984年に開講していた。大学および保健医療機関は，教員と現場実習指導者が協働しながら独自のカリキュラムを構築し，医療ソーシャルワーカーを養成してきたといえる。

日本医療社会福祉協会等の研修体系

日本医療社会福祉協会は，社会福祉を学ぶ学生を対象とした講座にはじまり，経験年数に応じた研修，疾患や障がい，生活課題など特定のテーマを学ぶ研修，そしてスーパーバイザー養成研修や研修講師のためのセミナーなど指導者を養成する研修も実施し，医療ソーシャルワーカーとして学び続けられる研修体系となっている。

日本医療社会福祉協会は，2010（平成22）年から協会が講義とレポートによって認定する「認定医療社会福祉士」制度を発足し，2016（平成28）年6月現在で354人が認定医療社会福祉士を取得している。2016年3月には，認定医療社会福祉士を前提とした「認定社会福祉士（医療分野）」ルートが定められた。

また，国立保健医療科学院では，実務経験10年以上の医療ソーシャルワーカーを対象とした「リーダーシップ研修」を実施し，地域医療に貢献できる医療ソーシャルワーカーを養成している。

都道府県の医療ソーシャルワーカー職能団体による研修

都道府県（以下，各県）に設置された医療ソーシャルワーカー職能団体が実施する現任者研修では，専門職としての知識や技術の向上のみならず，研修を通じてさまざまな医療機関に勤務するソーシャルワーカー同士がつながることによって，患者を支援するネットワークが構築できる。新人の医療ソーシャルワーカーにとっては，経験者から業務についてアドバイスを受ける機会であり，また新人同士が悩みを共有しながら支え合う機会ともなり，成長していく原動力となる。

第Ⅱ部　保健医療機関におけるソーシャルワーク

教育機関と実践現場の連携としてのリカレント教育

　文部省（当時）は「平成7年度我が国の文教施策　新しい大学像を求めて
——進む高等教育の改革」で「リカレント教育」に言及している。リカレント
教育の本来の意味は「職業上必要な知識・技術を修得するために，フルタイム
の就学とフルタイムの就職を繰り返すことである」ものの日本ではいわゆる
「生涯学習」として幅広くとらえている。公開講座や科目等履修生，聴講生や
研究生，そして大学院など，教育機関は社会人に対し多様な学習の機会を提供
している。開講科目について認定社会福祉士取得のための研修として認証を受
け，認定社会福祉士のための単位が取得できる大学院もある。実践経験を積ん
だうえで再度知識を学ぶことは新たな刺激となり，ソーシャルワーカーとして
の能力を向上し仕事への動機を高め，優れた相談援助へとつながる。リカレン
ト教育は，医療ソーシャルワーカーの新たな現任教育となり得るし，また教育
機関と実践現場の連携のひとつともなり得るだろう。

医療ソーシャルワーカーとして学び続ける意義

　医療ソーシャルワーカーは，自分自身が体験したことのない疾患や障がいと
ともに生きているクライエントを援助する際，時には自分の無力さを痛感し，
ソーシャルワーカーという仕事を続ける自信すら揺らいでしまうこともある。
知識は，そのような医療ソーシャルワーカーを支えてくれる一助となる。知識
を身につける努力を続けてこそ，初めて技術が自分自身のものとなり，優れた
実践へつながる。優れた実践とは「クライエントにとって役立つ実践」といえ
る。困難な状況にあるクライエントに寄り添い，支援することこそ，まさに医
療ソーシャルワーカーとしての醍醐味であり，やりがいともいえる。

注
(1)　武田加代子・南彩子（2000）「医療ソーシャルワーカーの職務の特徴」『社会福祉
　　学』41(1)，111-120。

第⑨章　医療ソーシャルワークの専門知識

⑵　秋山智久（2000）『社会福祉実践論——方法原理・専門職・価値観』ミネルヴァ書房，234-235。

⑶　厚生労働省社会保障審議会では，福祉人材としての社会福祉士のあり方が検討されている。またソーシャルワーク教育団体連絡協議会では「ソーシャルワーカー養成教育の改革・改善」について検討し，2016（平成28）年10月に最終報告書を提出している。2018（平成30）年度以降，社会福祉士養成教育は改変されていく。

⑷　社会福祉士資格を取得するには，実習を含む指定科目を履修したうえで国家試験に合格しなければならない。ただし厚生労働省が定めた「相談援助職として勤務した経験」つまり「相談援助業務の実務経験」が一定年数以上あれば実習は免除となる。2017（平成29）年8月現在，資格取得には11のルートが存在する。

⑸　藤田久美・山本佳代子・青木邦男（2008）「社会福祉教育におけるコンピテンシー評価項目の検討」『山口県立大学社会福祉学部紀要』14，65-48。

⑹　日本社会福祉教育学校連盟（2012）「平成23年度文部科学省先導的大学改革推進委託事業　福祉系大学における人材養成機能向上に関する調査研究報告書」。

⑺　マリオン・ボーゴ・髙橋重宏（1991）「トロント大学大学院ソーシャルワーク学部における CBE の最近の発展——コンペテンシー要素・技能，評価表を中心に」『社会福祉学』51，15-21。

⑻　日本社会福祉士養成校協会（2001）『平成15年度社会福祉士専門教育における現場実習指導教育に関する研究報告書』。

⑼　橋本有理子・柿木志津江・小口将典ほか（2016）「社会福祉士養成教育における実習科目と演習科目との連動を重視したコンピテンシー・モデル（福科大版）の検討」『関西福祉科学大学紀要』19，59-71。

⑽　伴信太郎（1995）「客観的臨床能力試験——臨床能力の新しい評価法」『医学教育』26，157-163。

⑾　巻康弘（2015）「相談援助実習における OSCE の試行とその成果」『日本社会福祉教育学会誌』14，129-133。

⑿　池田雅子・小渡加衣（2016）「福祉専門職教育における社会福祉系コア・カリキュラムをベースとした実習前評価としての CBT と OSCE の開発」『2016年度日本社会福祉教育学会第12回大会発表抄録集』27-28。

⒀　近藤尚也・巻康弘・川勾亜紀奈ほか（2016）「相談援助実習における OSCE 結果の活用実態——実習指導者へのアンケートから」『北海道医療大学看護福祉学部学会誌』12(1)，99-103。

⒁　「介護福祉士制度及び社会福祉士制度の在り方に関する意見」（2006（平成18）年12月　社会保障審議会福祉部会　意見），改正「社会福祉士及び介護福祉士法」成

第Ⅱ部　保健医療機関におけるソーシャルワーク

立時の付帯決議（2007（平成19）年4月）など。

⒂　永野なおみ・小嶋章吾・横山豊治・竹中麻由美（2001）『医療ソーシャルワーカー養成教育の現状とあり方に関する基礎的研究（報告書）』。

⒃　日本医療社会福祉協会（2016）「認定医療社会福祉士について」（http://www.jaswhs.or.jp/index.php，2016.9.30）。

⒄　国立保健医療科学院（2016）「研修案内」（http://www.niph.go.jp/entrance/h28/index.html，2016.9.30）。

読者のための参考図書

NPO法人日本医療ソーシャルワーク研究会編（2016）『医療福祉総合ガイドブック』医学書院。

　　──対象者や課題別にわかりやすく社会資源が整理され，毎年更新されている。

『社会保障の手引──施策の概要と基礎資料』（各年版）中央法規出版。

　　──文字通り，社会福祉，保健福祉に関する社会保障が掲載されており，必要に応じて正確・詳細な情報を確認できる。毎年更新されている。正確な情報を活用するために手元に置いておきたい。

第10章

医療ソーシャルワークの専門的技術

　保健医療現場におけるソーシャルワークの専門的技術は，ソーシャルワークの価値・倫理を土台にして，知識，方法・技術，さらに社会からの権限の委任，ソーシャルワークの目的で構成されている。この前提に立って，本章では，医療現場におけるソーシャルワークを構成する専門的技術構造，介入技術，チームアプローチ，ネットワーキングについて学ぶとともに，ソーシャルワーカーの専門性の向上に重要なスーパービジョンおよびコンサルテーションについても学ぶ。

1　医療ソーシャルワークに必要とされる専門的技術

医療ソーシャルワークの専門的技術の構造

　医療ソーシャルワークに必要な専門的技術の構造について，ソーシャルワーク実践過程にそって図10-1のとおりに示した。

　医療ソーシャルワークの対象は，何らかの保健医療福祉のニーズをもつ利用者である患者およびその家族はもちろんのこと，利用者が生活するその環境であるコミュニティや保健・医療・福祉政策（マクロレベル）へと，その対象はミクロからメゾ，さらにマクロレベルへと広がりをもつ。そのため，図10-1の実践過程は，ミクロ，メゾ，マクロレベルの，いずれの実践でも，このプロセスで行う。ただし，実践レベルによって必要とされる技術は異なる。たとえば，ミクロレベルである個別支援では，アセスメントは主として面接を通して

第Ⅱ部　保健医療機関におけるソーシャルワーク

図10-1　医療ソーシャルワーク実践過程における必要とされる専門的技術の例

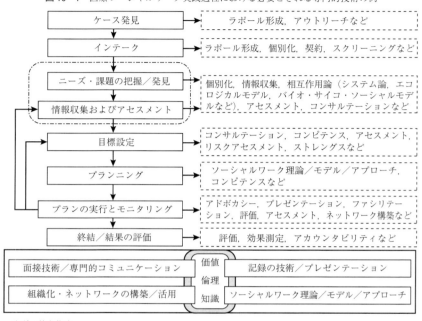

出所：筆者作成。

行う。しかしメゾレベルである地域への介入であれば，地域の統計指標や社会資源の確認，住民との懇談会，関係者へのヒアリング等がある。

また，これらの各プロセスにおいて，多様なソーシャルワーク理論やモデル，アプローチが用いられる。

医療ソーシャルワークの専門的技術としての介入

介入（intervention）の大きな目的は，傷病などがあることによって生じた，利用者およびその家族の生活上の諸課題の解決・緩和・再構築である。さらに，医療ソーシャルワーカーの介入によって，傷病がありながらも利用者の成長・発達への変化を促進することも目的となる。

介入に必要な技術としては，対象となる利用者や利用者を取り巻く環境をアセスメントする技術である。アセスメントの際の留意点としては，何らかの保

第 10 章　医療ソーシャルワークの専門的技術

健医療福祉ニーズ（疾病や障がいなど）をもつことで，どのような生活上の課題
が生じたのか，また利用者および家族はその生活上の課題をどのようにとらえ
ているのか，さらに，利用者やその家族，コミュニティなどのストレングス，
利用者やその家族の生活歴や価値観など，「利用者」と「環境」，そして「利用
者と環境の交互作用」に視点を置き，情報収集およびアセスメントしていくこ
とが必要である。そのうえで，多様なソーシャルワーク理論／モデルのなかか
ら適切な方法を選択し介入する。

院内連携としてのチームアプローチ

　保健医療現場で働く医療ソーシャルワーカーは，医師，看護師，理学療法士，
作業療法士，栄養士や薬剤師など，さまざまな医療関連の専門職種で構成され
たチームで利用者に対応するため，チームアプローチは重要な技術である。

　チームの形態には，マルティディシプリナリー・チームとインターディシプ
リナリー・チーム，トランスディシプナリー・チームの特徴があるとされてい
る（表10-1）。[1]

　チームアプローチの技術の前提となる知識として，各医療関連の専門職の専
門性や価値，機能を理解することである。さらにチームが対応する課題を明確
にしたうえで，チーム形成およびチームメンバー調整を実施することが必要で
ある。そのうえで，必要な技術としては，他の専門職の機能，各専門職のスト
レングスを説明できること，他の専門職とのコミュニケーションが取れること，
課題ごとにチームメンバー間で対応すべき課題のアセスメント，介入メンバー
の決定，課題の明確化，共有化，役割分担などが組織化し，実施できること，
そして何よりも医療ソーシャルワーカーの専門性を向上させ，説明できること
が求められる。

地域医療連携としてのネットワーキングの技術

　ネットワーキングとは，一定の目的を共有した，創造的，能動的なつながり
であるネットワークを形成する過程のことである。一方，ネットワークとは，

第Ⅱ部　保健医療機関におけるソーシャルワーク

表10-1　チームアプローチの形態と機能

	マルティディシプリナリー・チーム	インターディシプリナリー・チーム	トランスディシプリナリー・チーム
目　的	限られた期間内に解決すべき課題への対応。	単なる情報交換ではなく，個人，家族，コミュニティの健康を増進することを目的としている。	個人・家族・コミュニティが主体となり，生活上のニーズの充足・問題解決を行う。
関係性／決定方法	医師のリーダーシップのもと決定。医師のリーダーシップが求められる。	チームの機能とタスク，意思決定過程は，相互依存関係にある。	チーム内での役割交代・代替・開放が起こる。
実施分野の例	ICU。臨床の課題が明確であり，予測可能な分野で展開される。	プライマリーケアの分野。課題が変化する可能性があり，予測不可能な分野で展開される。	住宅・地域医療の現場で展開される。

出所：Carel Bailey Germain (1984) *Social Work practice in Health Care*, Free Press, 212-213, 筆者翻訳・一部改変。

個々の人々や組織，団体などが，相互に依存しながら自発的に結び付いたつながりをいう。

　社会福祉実践におけるネットワーキングが求められる背景には，多様化，複雑化したクライエントの生活上の問題への制度的対応が困難な状況が存在するということ，厚生労働省により地域包括ケアシステム（地域の包括的な支援・サービス提供体制）の構築が推進されているところもある。また，クライエントの社会参加，ノーマライゼーション，ソーシャルインクルージョンなど，福祉理念の転換が大きな影響を与えている。

　代表的なネットワーキングの方法としては，「ソーシャルサポートネットワーク」があげられる。

　まず「ソーシャルサポート」とは，クライエントにとって有効な社会資源のことであり，家族，友人，配偶者，親戚，職場の同僚，近隣住民などのインフォーマルなシステムと医療や福祉の専門家などのフォーマルなシステムであり，クライエントを取り巻くシステムのなかに存在する。「サポート」のタイプとしては，「具体的な手段によるもの（物品，経済的支援など）」「感情・情緒的によるもの（情緒的支援，社会強化，自信をもてるよう強化するなど）」に分類す

第10章　医療ソーシャルワークの専門的技術

る場合と，「具体的なものによるもの」「情報によるもの」「情緒によるもの」
に分類する場合がある。

　一方，「ソーシャルサポートネットワーク」とは，援助を必要とするクライ
エントを中心としたさまざまなサポートシステムで構成され，目的をもって組
織された相互のつながりをいう。

　ソーシャルサポートネットワークを活用した介入方法としては，「ソーシャ
ルネットワーク」および「ソーシャルサポート」の種類をアセスメントしたう
えで，新しいサポートシステムを作り出す，すでに存在しているソーシャルサ
ポートを強化する，クライエント自身がサポートシステムを強化，活用できる
ようスキルを向上させるなどが考えられる。

2　スーパービジョンとコンサルテーション

スーパービジョン

　スーパービジョン（supervision）とは，ロビンソン（Robinson, V.）によると，
「ソーシャルワークの知識，技術を持った人が，少ししか持たない人に対する
訓練をする教育的過程である」と定義されている。また，「スーパーバイザー」
は，ソーシャルワークの知識，技術をもち，スーパーバイズをする人であり，
「スーパーバイジー」は，ソーシャルワーク実践の経験が浅い人や実習生など
で，スーパーバイスを受ける人を指す。

　スーパービジョンの目的は，クライエントの利益を最大限に引き出し，クラ
イエントの抱える問題に対して，最も良い解決方法を模索することにある。そ
のため，スーパーバイジーであるスタッフの専門性の向上および組織の機能を
向上，維持させることに，スーパービジョンは重要な役割を担っている。さら
に，スーパービジョンはスタッフの燃え尽き症候群（バーンアウト）の予防に
も有効であり，人材養成の方法としても重要である。

　スーパービジョンの機能には，管理的機能，教育的機能，支持的機能の3つ
があるとされている。

第Ⅱ部　保健医療機関におけるソーシャルワーク

　まず，管理的機能についてカデューシン（Kadushin, A.）は，①職員補充と選別，②ソーシャルワーカーの就任と配置，③業務計画，④業務配分，⑤業務の委任，⑥業務の監督，点検，勤務評定，⑦連絡調整業務，⑧コミュニケーション機能，⑨管理上の緩衝役としてのスーパーバイザー，⑩改革者としてのスーパーバイザーの10項目を管理的機能として提示している。[3]

　①は，社会福祉機関や施設である組織を動かすために，計画的な人材の雇用，配置，組織化，連絡調整などを実施することである。

　②は，採用したソーシャルワーカーがスムーズに組織内で自身の役割を遂行できるよう調整することと，スーパーバイザーを通して所属する施設の概要を理解するよう支援することである。

　③は，スーパーバイジーたちが各クライエントに一定の水準を満たした同質のソーシャルワークサービスを提供できるように，業務を配分されるとともに，ソーシャルワーク部門の短期・長期の事業計画に応じた予算獲得および執行が行われることである。

　④は，各スーパーバイジーの能力に応じて，公平かつ均等に業務が遂行できるように配慮し，配分することである。

　⑤は，スーパーバイザーが各スーパーバイジーの能力に応じた達成すべき業務遂行目的および目標を提示するとともに，効果的な業務の委任を行うことである。

　⑥は，各スーパーバイジーの業務遂行が適切に実施されているかについて監視，点検していくことであり，サービスの継続性を保つために，スーパーバイジーの勤務状況（欠勤，休暇，超過勤務など）も管理することである。さらに，仕事の配分，変更，昇給，昇進などの勤務評定も重要である。

　⑦は，スーパーバイジーに配分された業務を連絡調整によって統合していくことである。そのため，部門の業務全体を俯瞰するとともに，所属する機関の理念や目的に沿った業務が展開できるよう，他の部門との連絡調整も行っていく。

　⑧は，スーパーバイザーが管理者とスーパーバイジーの間に立つ仲介者とし

第 10 章　医療ソーシャルワークの専門的技術

て，業務上の問題点を把握し，よりよい運営管理につなげていくことである。

　以上，カデューシンの管理的機能の10項目について提示した。

　次に 2 つ目の教育的機能についてであるが，スーパーバイジーの自律性を高めるために，ソーシャルワークに必要な理論，経験，知識を具体的に利用，応用できるように支援することが必要である。また，クライエントへ対応する自身の傾向や自身の価値について，事例を通して学習，自己覚知ができるように支援することが必要である。また，知識や技術の習得について，側面的に助言することも必要であるが，クライエント自身が能動的に学習していくよう動機づけしていくことも必要である。

　3 つ目としては，支持的機能についてである。ソーシャルワーカーは自身を道具としてクライエントと向き合う。ソーシャルワーカーであるスーパーバイジーは，自己の個性や特性，対人傾向などを，あるがままに受容することを通して，クライエントをあるがままに受容することができる。その過程に側面的に支援することが支持的スーパービジョンといえる。支持的スーパービジョンのもうひとつの側面は，スーパービジョン関係のなかで，スーパーバイジーが受容されること，スーパーバイザーが専門職としてのスーパーバイジーの自己同一化のモデルとして存在することである。さらに，スーパーバイジーが自己のソーシャルワーカーとしての能力（competence）を促進，自覚するよう働きかけを行う必要性もある。

　スーパービジョンの形態としては，個人スーパービジョン（individual supervision），グループスーパービジョン（group supervision），ライブスーパービジョン（live supervision），ピアスーパービジョン（peer supervision）がある。

　個人スーパービジョンは，スーパーバイザーとスーパーバイジーが 1 対 1 で行うスーパービジョンの形態である。グループスーパービジョンは，スーパーバイザーとスーパーバイジーがスーパービジョンを行う場面から学ぶ方法とグループメンバー間で質問や意見を出し合ったり，気づきを引き出したり，支え合う，グループ力動を活用して行う方法である。ライブスーパービジョンとは，スーパーバイザーとスーパーバイジーが，同じ場面もしくはひとつのケースに

133

第Ⅱ部　保健医療機関におけるソーシャルワーク

一緒に取り組んでいく方法である。ピアスーパービジョンとは、仲間や同僚だけで行うスーパービジョンであり、スーパーバイザーが不在な状況下で行う方法である。

　スーパービジョンは、医療ソーシャルワーカーにとっても重要なものであることは周知の事実である。しかし、わが国においては十分に浸透しているとはいえない。スーパービジョンの文化をわが国で浸透させていく理解としくみが必要である。

コンサルテーション

　「コンサルテーション」とは、ソーシャルワーク実践プロセスにおいて、特定の専門領域の知識や技術について助言を得る必要がある場合、その専門領域の専門家に相談することであり、医療ソーシャルワーク過程においても、他の専門職（医師・看護師・弁護士など）のコンサルテーションをしばしば受ける。助言を行う者を「コンサルタント」、助言を受ける者を「コンサルティ」という。

　「コンサルテーション」は、「コンサルタント」のもっている専門的な知識や経験、技術、価値などを、ソーシャルワーカーに伝え、利用させるプロセスであるが、これらの知識や技術などを活用するか否かについては、ソーシャルワーカー自身の責任のうえで活用することとなる。そのため、「コンサルタント」には、ソーシャルワーク実践上の責任は生じない。また、「コンサルタント」とソーシャルワーカーの関係性はあくまでも任意で、対等なパートナー関係であることも特徴である。

　コンサルテーションの目的は、あくまでもクライエントの利益を最大限に引き出すことにあり、クライエントの抱える問題に対して、最も良い解決方法を模索することにある。

　「コンサルテーション」が必要とされる背景には、クライエントの抱える問題が複雑化しているということ、複雑化した問題に対応するために、多様なシステムへの介入が必要となるということ、ソーシャルワーク業務が、個別支援

第10章 医療ソーシャルワークの専門的技術

から組織支援，さらに資源開発や組織運営・管理など，多様な知識や技術が求められていることにある。

「コンサルテーション」は，クライエントの利益を最大限に引き出すことにあるという点では，スーパービジョンと同様であるが，異なる点について整理しておきたい。

「コンサルテーション」はスーパービジョンと異なり，前述したようにあくまで支援の方法や知識を得るための関係である。また，クライエントの支援に対しての管理・責任を負う立場にもない。さらに，スーパービジョンがスーパーバイジーの自己覚知などの専門職としての人格や態度に影響を与えることに対して，「コンサルテーション」は，与えた知識や技術などを活用するかどうかは「コンサルティ」の裁量に任せられ，あくまでソーシャルワーク実践上のパートナーであることも異なる点である。しかし，スーパービジョン過程において，スーパーバイジーの自律性が高まるにつれて，その関係がスーパービジョン関係から「コンサルテーション」へと移行する場合もある。さらに，スーパービジョンと「コンサルテーション」が平行して行われる場合もあり，その区別があいまいである場合も存在する。

注

(1) Carel Bailey Germain (1984) *Social Work practice in Health Care*, Free Press, 198–229.

(2) Virginia Robinson (1936) *Supervision in Social Case work, a problem in professional education,* The University of North Carolina Press.

(3) Alfred, Kadushin & Harkness, Daniel (2014) *Supervision in Social Work*, fifth edition, Columbia University Press.

参考文献

Alfred, Kdushin & Harkness, Daniel (2014) *Supervision in Social Work*, fifth edition Columbia University Press.

一般社団法人日本社会福祉教育学校連盟監修（2015）『ソーシャルワーク・スーパー

第Ⅱ部　保健医療機関におけるソーシャルワーク

　ビジョン論』中央法規出版。

黒川昭登（1992）『スーパービジョンの理論と実際』岩崎学術出版社。

パメラ・トレビシック著／杉本敏夫監訳（2008）『ソーシャルワークスキル——社会
　福祉実践の知識と技術』みらい。

社団法人日本医療社会事業協会・社団法人日本社会福祉士会編（2009）『改訂　保健
　医療ソーシャルワーク実践2』中央法規出版。

読者のための参考図書

社団法人日本医療社会事業協会・社団法人日本社会福祉士会編（2009）『改訂　保健
　医療ソーシャルワーク実践1』中央法規出版。
　　　——医療ソーシャルワークの歴史とその背景が詳細に述べられている。論文作成に
　　　はぜひ活用してほしい図書である。また，医療機関の機能の違いについても提
　　　示されている。

社団法人日本医療社会事業協会・社団法人日本社会福祉士会編（2009）『改訂　保健
　医療ソーシャルワーク実践2』中央法規出版。
　　　——医療ソーシャルワーク実践に必要なソーシャルワーカーの倫理・価値，医療倫
　　　理が学べる図書である。さらに，医療ソーシャルワーク実践における協働・連
　　　携についても理解しやすく説明されている。

社団法人日本医療社会事業協会・社団法人日本社会福祉士会編（2009）『改訂　保健
　医療ソーシャルワーク実践3』中央法規出版。
　　　——医療機関で働く医療ソーシャルワーカーが学ぶべき組織論，記録，関係法規に
　　　ついてわかりやすく説明されている。業務遂行上に必要な組織人としての知識
　　　と理論が学べる。

日本医療社会福祉協会編（2015）『保健医療ソーシャルワークの基礎——実践力の構
　築』相川書房。
　　　——医療ソーシャルワーカー初心者用の基本図書である。初任者の学習の指針が示
　　　されているとともに，具体的な事例などで医療ソーシャルワーク実践が理解し
　　　やすい。

第11章

生活を支える医療ソーシャルワーク実践

　医療ソーシャルワーカーの重要な役割のひとつが心理的・社会的問題の解決，調整を目的とした援助である。疾病が私たちのこころと生活にどのような問題を引き起こすのかについて理解することは実践においての初めの一歩ともいえる。本章では，疾病と関連して引き起こされる心理的・社会的問題について学ぶことを第1のねらいとする。次にそれらの問題への医療ソーシャルワーク支援の必要性について，「医療ソーシャルワーカー業務指針」を取り上げて述べる。

1　療養中の心理的問題の解決，調整援助

療養中の心理的支援の必要性

　医療ソーシャルワーカー業務指針では，医療ソーシャルワーカーの業務の範囲のなかに，療養中の心理的・社会的問題の解決，調整援助として，以下のように掲げている。[1]

　　入院，入院外を問わず，生活と傷病の状況から生ずる心理的・社会的問題の予防や早期の対応を行うため，社会福祉の専門的知識及び技術に基づき，これらの諸問題を予測し，患者やその家族からの相談に応じ，次のような解決，調整に必要な援助を行う。
① 　受診や入院，在宅医療に伴う不安等の問題の解決を援助し，心理的に支

第Ⅱ部　保健医療機関におけるソーシャルワーク

　援すること。

　人は病気になることやケガをしたことにより，さまざまな心理的問題を抱え
るものである。私たちの生活に影響や変化をもたらすものごとをライフイベン
トというが，人生においては進学，就職，結婚，出産等の人生の節目ともいえ
る予測可能なライフイベントを想定して日々の生活を送っている。ところがラ
イフイベントのなかには事故や災害等の予測できないようなものもある。病気
や事故は私たちにとってこの「想定していない」イベントである場合が多い。
そのため，いざ自分自身や家族が疾病に直面したときには心理的負担が伴うこ
ととなる。
　医療ソーシャルワーカーはこのような患者や家族の心理的な状態をよく理解
して支援に臨まなければならない。患者らが転院先の情報や利用できる制度の
紹介を求めて相談に来た場合においても，情報提供を行うことのみを重視する
のではなく，疾病に伴う不安な思いを傾聴することを心がけることが大切であ
る。患者は自らの心理的なショックをうまく伝えられないこともある。また目
前の生活課題への対応に追われて心理的なショックを受けていることを自覚し
ていないこともある。さらに，ソーシャルワーカーはショック緩和に努めるた
めに時には非常にデリケートな話題に触れざるを得ないこともある。具体的に
は，家族関係の不和や経済的問題，予後が悪い場合には障がいや死について，
あるいはセクシュアリティ等についてである。
　このような心理的支援においては，コミュニケーションの理論，技法を活用
したソーシャルワーク面接を行うことが大切であり，患者や家族とラポールを
築き，安心して話ができるように留意しなければならない。
　また医療者とのコミュニケーションや医療機関との信頼関係に不安や問題を
感じている患者，家族もいる。このような場合，病状説明（インフォームド・コ
ンセント）の機会を設けるよう院内での調整をする役割を果たすこともある。
安心して治療に臨めることにより，病状に大きな変化が見られなくても，患者
の心理的な問題が軽減，緩和することもあり，このような院内での調整は非常

138

第11章　生活を支える医療ソーシャルワーク実践

に大切な役割となっている。

　近年では治療に対する患者の自己決定を尊重しており，インフォームドコンセントにおいても患者，家族にわかりやすい説明を心がける工夫がなされている。しかし，「ほかに治療法はないのだろうか」と思うことや，複数の治療方法が提示された場合には「どの治療方法が良いのだろう」と患者らが迷うこともある。主治医以外の医師の意見を聞き参考とすることを，セカンドオピニオンという。必要に応じ，患者がセカンドオピニオンを受け，十分な理解と同意のうえで安心して治療を受けることができるよう支援することも必要である。

傷病，障がいの受容

　また，疾病の治癒が難しく，後遺症としての障がいが残る場合もある。これまで送ってきた生活，今後の人生設計を大きく変更することを患者や家族は余儀なくされる。患者や家族にとってはアイデンティティや価値観を揺るがされるような体験であり，障がいを受容するということは簡単なことではない。たとえ医師から「障がいが残りますよ」という説明をていねいに受けたとしても，患者の心のなかでは「医師はああ言っているけれど，本当は治るのでは」と思うこともある。

　障がい受容においては一般的には，①ショック期，②混乱期，③適応への努力期，④適応期という過程をたどると説明されている。しかし，実際にはこの過程を直線的にたどるわけではない。患者のなかには，いったん自分の病気や障がいを受け入れてうまく過ごしていた様子に見えたのに，何かの転機にまた自分の障がいについて辛く苦しい思いを伝えてくる人もいる。障がい受容という考え方には，自分の身体に「治る」という夢や希望をもつことから，「治らない」身体であるという価値転換をすることを前提としている部分もあり，そもそも障がいの受容を支援目標とすることが果たして患者のための支援であるのか，ということまで含めて考えていかなければならない。

　傷病により死に至ることもある。キューブラー＝ロス（Kübler-Ross, E.）は死とその過程について，①否認と孤立，②怒り，③取り引き，④抑うつ，⑤受容

139

第Ⅱ部　保健医療機関におけるソーシャルワーク

図11-1　自殺の危険因子

□	過去の自殺企図・自傷行為歴
□	喪失体験 身近な者との死別体験など
□	苦痛な体験 いじめ，家庭問題など
□	職業問題・経済問題・生活問題 失業，リストラ，多重債務，生活苦，生活への困難感，不安定な日常生活
□	精神疾患・身体疾患の罹患およびそれらに対する悩み うつ病，身体疾患での病苦など
□	ソーシャルサポートの欠如 支援者の不在，喪失など
□	企図手段への容易なアクセス 「農薬，硫化水素などを保持している」，「薬をためこんでいる」など
□	自殺につながりやすい心理状態 絶望感，衝動性，自殺念慮・希死念慮・孤立感・易怒性，悲嘆，不安など
□	家族歴
□	その他 診療や本人・家族・周囲から得られる危険性

出所：日本臨床救急医学会（2009）「自殺未遂患者への対応　救急外来（ER）・救
急科・救命救急センターのスタッフのための手引き」。

という段階を経るとし，死の受容を「長い旅路の前の最後の休息」という言葉
を用いて表現している。[3]障がいの受容と同様に，必ずしもこの過程を順に経る
とは限らない。

　患者だけでなく，家族といった患者に身近な人々にとっても傷病や障がい，
近づきつつある死は非常に辛い経験となる。愛着のある人（もの）の喪失に伴
う悲しみ，嘆きなどを含むさまざまな感情，反応等をグリーフという。グリー
フに対する支援をグリーフケア，グリーフワークともいう。最近では全国のが
ん診療拠点病院に緩和ケアチームの整備が義務付けられたことから，ソーシャ
ルワーカーが終末期の患者，家族への支援にかかわることも増えている。ソー
シャルワーカーはグリーフについての理解をもって支援を行わなければならな
い。具体的には，患者や家族に寄り添い，その思いを傾聴するとともに，患者
が人生の最後にあたってやり終えたいと願う相続や遺言等の手続きへの意思を

第11章　生活を支える医療ソーシャルワーク実践

確認することや，看取りの場所の選択などソーシャルワーカーの行うグリーフ支援は多様である。また患者が亡くなった後にも必要に応じ地域の精神保健に関する相談機関や自助グループを家族が利用できるよう紹介することもある。

非常に強い心理的ストレス，うつ等への支援

時には疾病や障がいは患者に著しく強い心理的ストレスをもたらすことがある。そのような際には患者の自殺企図に注意をしなければならない。

病気，ストレス，生活問題，人間関係，精神疾患等は自殺企図への危険因子となり得る（図11-1）。疾病と相まって，経済的問題や関連する生活上の問題などの複数の要因が存在する場合には自殺念慮や自殺企図に留意した支援が必要となる。医師，看護師と日常的に連携をとり，心理社会的問題の緊急性，重大性をアセスメントし，必要な支援体制をとるようにする。

2　療養中の社会的問題の解決，調整援助

療養中の社会的問題とは

医療ソーシャルワーカー業務指針の「療養中の心理的・社会的問題の解決，調整援助」では，第1節で取り上げた心理的支援に続き，以下のように掲げられている。[4]

② 患者が安心して療養できるよう，多様な社会資源の活用を念頭に置いて，療養中の家事，育児，教育就労等の問題の解決を援助すること。

③ 高齢者等の在宅療養環境を整備するため，在宅ケア諸サービス，介護保険給付等についての情報を整備し，関係機関，関係職種等との連携の下に患者の生活と傷病の状況に応じたサービスの活用を援助すること。

④ 傷病や療養に伴って生じる家族関係の葛藤や家族内の暴力に対応し，その緩和を図るなど家族関係の調整を援助すること。

⑤ 患者同士や職員との人間関係の調整を援助すること。

第Ⅱ部　保健医療機関におけるソーシャルワーク

⑥　学校，職場，近隣等地域での人間関係の調整を援助すること。

⑦　がん，エイズ，難病等傷病の受容が困難な場合に，その問題の解決を援
　助すること。

⑧　患者の死による家族の精神的苦痛の軽減・克服，生活の再設計を援助す
　ること。

⑨　療養中の患者や家族の心理的・社会的問題の解決援助のために患者会，
　家族会等を育成，支援すること。

　医療従事者からみれば「患者」であるが，そもそもは患者も社会生活を営ん
でいるひとりの「人」である。家事，育児，修学，仕事などの多くの役割，や
るべきことを生活のなかで抱えている。

　たとえば，小さな子どもを抱えている母親が病気になり入院を勧められたと
する。母親としては，「これから治療をして早く良くなりたい」という思いを
もっていても，入院中に子どもを預かってもらえる人が近くにいないという理
由で入院を諦め，病状を悪化させてしまうかもしれない。ほかにも，病気の治
療のために通学がままならない学生，仕事を休むことが続き収入が激減した人
など，自分の生活と療養をうまく両立することができないような状況になった
とき，その人が社会生活遂行上困っている状況を明確にし，社会生活ニーズを
とらえ，患者や家族が安心して療養をすることができるように考えていくこと
が医療ソーシャルワーカーの社会的問題への支援となる。

社会的問題への援助の多様性

　社会生活を送るうえで困難を抱えている人への支援においては，関連する法
律や制度，サービスをはじめとした多様な社会資源を活用することが大切であ
る。今日，明日からの生活に直結する問題も多くあり，現実的で素早い対応が
必要となる。そのためには，院内の他専門職種との連携はいうまでもなく，地
域の関連する機関や職種との連携を普段から取っていることが必要となる。ま
た，ボランティアなども含むインフォーマルな地域の資源についての新しい情

第11章　生活を支える医療ソーシャルワーク実践

報を常に入手するように心がけることも大切である。

　加えて，通院，入院をする生活は人間関係上の問題を引き起こすことがある。これまで何とか家族間で関係のバランスを保ちながらやってきた家族が，病気をきっかけにそのバランスを崩し，関係が混乱，悪化することもある。親の介護問題から表出する嫁姑関係や夫婦関係などはその一例である。ソーシャルワーカーは「家族は強いきずなで結ばれているもの」といったステレオタイプなものの見方をすることなく，また家族の誰かひとりの立場に偏って判断するのでもなく，それぞれの立場や思い，背景を理解するように努めなければならない。

　がんは日本人の死因別死亡率で最も数値が高い疾患であり，深刻な病気であるとイメージされている。進行すれば「死」に直面せざるを得ない病ではあるが，治療は日々進歩しており，これからの長い年月をがんとともに生きていくこともあるので，患者が社会的なつながりを保ち続けられるように生活上の支援を行うことが必要である。また難病，HIV感染・エイズ発症もがんと同じく，患者にとってはショックを受け，「なぜ自分だけがこの病気になったのか」と怒りを感じることや，周囲に同じ病気の人が少ないことから相談できる人がおらず，孤独感を感じている患者も多い。一方で，疾患への社会の理解の不足から偏見や差別を引き起こすこともあり得るので，一概に社会資源の利用を促すだけではなく，患者個々の状況に応じた支援が重要となる。

3　心理的・社会的問題の解決，調整援助の支援の実際

事例——HIV感染が判明したAさんへの支援

　ひとり暮らしのAさん（男性，35歳）は保健所にてHIV検査を受け，陽性と判明した。エイズ治療拠点病院へ受診を開始して1か月経過した頃，血液検査の数値があまりよくなく今後服薬を開始する予定があること，非常にショックを受けている様子も見られることから，医師からソーシャルワーカーとの面談の依頼があった。

143

第Ⅱ部　保健医療機関におけるソーシャルワーク

　初回面接では，Ａさんは「ここ１か月，頭の中がぼーっとしている」「検査結果を知ったときは，涙があふれてどうしようもなかった」「職場には病気を伝えないといけないのだろうか」と語った。ソーシャルワーカーは，服薬が始まると医療費がかかるので，それに対応した制度の手続きの説明を行った。役所の窓口で病名が周囲の人にわかるかもしれないことや知り合いに会うことを恐れ，手続きに行くことに躊躇していたので，ソーシャルワーカーが代理申請できるよう役所の担当者と協議をした。職場への病気の告知ついては，告知をすることの良い面と悪い面，必要性の有無などを一緒に検討し，Ａさんが選択できるように支援した。

　その後，定期的に面接を行い，６か月ほど経った頃，「少し落ち着いてきたので誰か同じ病気の人と話ができる機会がほしい」との相談を受け，地域のサポートグループの紹介を行った。Ａさんは参加後に「ほかの人々と会えたことから少し自分の人生への見方が変わったかもしれない」と話した。当面の心理的，社会的問題が解決したことから，継続的面接はいったん終了し，今後必要に応じかかわることとなった。その後もＡさんは通院，服薬を継続して行っている。

注
(1)　厚生労働省健康局長通知（2002）「医療ソーシャルワーカー業務指針」。
(2)　中央法規出版編集部編（2012）『６訂　社会福祉用語辞典』中央法規出版。
(3)　Ｅ・キューブラー・ロス／鈴木晶訳（1998）『死ぬ瞬間——死とその過程について』読売新聞社。
(4)　前掲(1)。

読者のための参考図書
田島明子（2009）『障害受容再考——「障害受容」から「障害との自由」へ』三輪書店。
　　——障がい当事者や理学療法士へのインタビューを交えながら，「障がいを受容することが良い支援なのか」を考えさせられる１冊。

第 11 章　生活を支える医療ソーシャルワーク実践

武田建・津田耕一（2016）『ソーシャルワークとは何か——バイステックの 7 原則と
　社会福祉援助技術』誠信書房。
　——クライエント・ワーカー関係を築く基本となるバイステックの 7 原則，ケース
　　ワーク面接について非常にわかりやすく解説されている。

第Ⅲ部

生活を支える
医療ソーシャルワーク実践

第12章

退院援助

　高齢者を取り巻く医療制度と社会福祉制度は，さまざまな変遷を重ね今日に至っている。医療技術の進歩によって多くの命が救われるようになったことで，退院後にも医療管理が必要な人の割合が増えている。在宅での医療管理が必要な場合は，退院にともない心理的・社会的問題を生じる。退院援助を行う際は，クライエントとの信頼関係を基盤として，生活上の課題解決ができるように具体的な支援の方法を把握しておく。また，地域の医療・福祉の関係機関とネットワークを構築しておくことで退院援助をスムーズに行うことができ，患者の安心につながる。

　疾患や入院治療がきっかけで，日常生活動作（ADL：Activities of Daily Living）低下が予測される場合には，入院中から退院後の生活を再構築する必要がある。

1 平均在院日数の短縮と退院援助

国民医療費の概況

　2014（平成25）年度の国民医療費は40兆8071億円で，年々増加傾向にある（図1-1参照）。医療費を診療種類別にみると，入院医療費が15兆2641億円で37.4％を占める。また，人口1人当たり国民医療費をみると，65歳未満は17万9600円，65歳以上は72万4400円である。医療費の58.6％を高齢者の医療費が占めている。

社会的入院

社会的入院とは，医学的には入院の必要がなく，在宅の療養が可能な状態であるが，介護上の問題や療養環境が整わないために病院で生活をしている状態または，入院することをいう。社会的入院は，医療費の不適切な高騰を招き，在宅療養を希望する高齢者の QOL を低下させる（第2章第2節参照）。

平均在院日数

平均在院日数とは，病院に入院した患者の1回当たりの平均的な入院日数を示すものである。厚生労働省（2015）「病院報告」[1]によると，病院の平均在院日数は29.1日である（表12-1）。図12-1にあるように，急性期の医療を行う「一般病床」では，平均16.5日であり，年々短くなっている。平均在院日数の短縮の背景には，療養の場を病院から自宅に移行させ，医療費削減を目的としていることがある。

「高齢者の健康に関する意識調査」[2]によると日常生活で介護が必要になった場合に介護を受けたい場所は，自宅を希望する人が多く，最期を迎えたい場所も自宅が半数を占める。しかし，実際は，家族の負担や症状急変時の対応や，かかりつけ医がない場合・医師の看取りがない場合に，不審死・異常死となることもあり，自宅で最後まで療養することが困難で，医療機関で死亡する人が約80％を占めている。退院が決まってから大急ぎで転院先を探したり，適切な準備ができないまま自宅で療養をすることがないように入院中から退院後の生活を見据えて「生活の場で医療が継続できる」ように退院援助を行う必要がある。

在宅医療

2025年の少子超高齢社会を見据え，病院で治す病院完結型医療から，地域完結型の医療へ転換している。病気や障がいを抱えながらも住み慣れた地域で暮らし続けるためには，在宅医療が重要となる。かかりつけ医とは，日常的な健康管理や診療を行う医師である。専門的な治療が必要となった場合には，かか

第Ⅲ部　生活を支える医療ソーシャルワーク実践

表12-1　病床の種類別に見た平均在院日数（各年間）

(単位：日)

	平均在院日数[1]		対前年 増減数
	2015年 （平成27）	2014年 （平成26）	
病　院			
全病床	29.1	29.9	△ 0.8
精神病床	274.7	281.2	△ 6.5
感染症病床	8.2	8.9	△ 0.7
結核病床	67.3	66.7	0.6
療養病床	158.2	164.6	△ 6.4
一般病床	16.5	16.8	△ 0.3
介護療養病床	315.8	315.5	0.3
介護療養病床を除く全病床	27.9	28.6	△ 0.7
療養病床を有する診療所			
療養病床	102.3	101.9	△ 0.4
介護療養病床	108.5	102.3	△ 6.2

注：1)　平均在院日数の計算式

$$\frac{年間在院患者延数}{1/2\times（年間新入院患者数＋年間退院患者数）}$$

療養病床については，次式による。

$$\frac{年　間　在　院　患　者　延　数}{1/2\times\left(\begin{array}{l}年間新入院患者数＋\begin{array}{l}年間同一医療機関内の他の種\\別の病床から移された患者数\end{array}＋年間退院患者数＋\begin{array}{l}年間同一医療機関内の他の種\\別の病床へ移された患者数\end{array}\end{array}\right)}$$

介護療養病床については，次式による。

$$\frac{年　間　在　院　患　者　延　数}{1/2\times\left(\begin{array}{l}年間新入院患者数＋\begin{array}{l}年間同一医療機関内の他の介護療養\\病床以外の病床から移された患者数\end{array}＋年間退院患者数＋\begin{array}{l}年間同一医療機関内の介護療養病\\床以外の病床へ移された患者数\end{array}\end{array}\right)}$$

参考：人口10万対 1 日平均患者数・病床の種類別に見た病床利用率・平均在院日数の年次推移。
出所：厚生労働省「平成27年医療施設（静態・動態）調査・病院報告」病院報告の概況。

りつけ医から適切な医療機関へ紹介が行われる。また，在宅支援診療所とは，多様化する患者のニーズに応じて24時間体制で往診や訪問診療，訪問看護を行うところで，病状が重く介護の必要性が高い場合であっても自宅で療養したり，看取りを行うことが可能となる。

終末期医療

　一般的には，終末期を予後 3 ～ 6 か月としていることが多い。疾病の予後予測モデル（図12-2 ）を示した。がんなどの場合には，比較的長い間機能が保た

第12章 退院援助

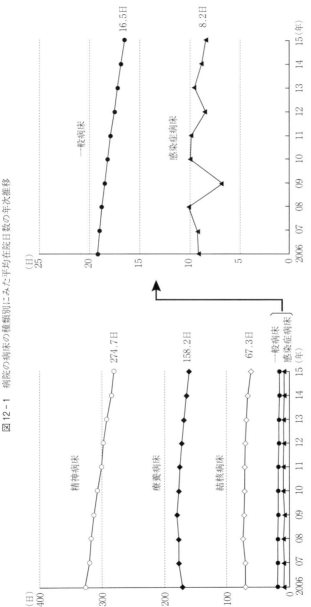

図12-1 病院の病床の種類別にみた平均在院日数の年次推移

注：東日本大震災の影響により、平成23年3月分の報告において、病院の合計11施設（岩手県気仙医療圏1施設、岩手県宮古医療圏1施設、宮城県石巻医療圏2施設、宮城県気仙沼医療圏2施設、福島県相双医療圏5施設）は、報告のあった患者数のみ集計した。
参考：統計表14 人口10万対1日平均患者数・病床の種類別に見た病床利用率・平均在院日数の年次推移
出所：厚生労働省「平成27年医療施設（静態・動態）調査・病院報告」病院報告の概要。

第Ⅲ部　生活を支える医療ソーシャルワーク実践

図12-2　疾患の予後予測モデル

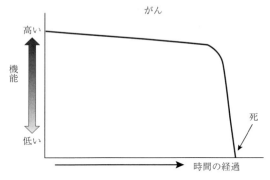

比較的機能は保たれ，最期の2か月で急速に機能低下する

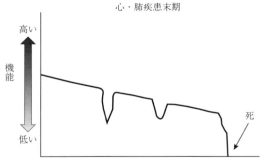

急性増悪を繰り返しながら徐々に機能低下する

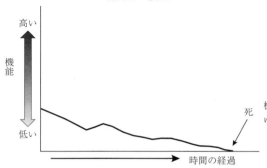

機能低下した状態が長く続き，ゆっくり経過する

出所：Lynn J. et al. (2003) *Living well at the end of life* をもとに筆者作成。

第12章　退院援助

れ，最期の2か月くらいで急激に機能が低下し，あらゆる介護が必要となる。慢性呼吸不全や慢性心不全など，がんではない疾患の場合は，急性増悪を繰り返しながら徐々に機能低下し，最期は比較的急に悪化する経過をたどる。認知症や老衰の場合は，機能低下した状態が長く続き，ゆっくりと徐々にさらに機能が低下していく。

　終末期医療は，家族もケアの対象となる。特に，全介助の状態になってから経過が長い場合は，家族の負担は大きく，生活にも影響を与える。家族が疲弊しないように，家族の休息も視野に入れて援助する。終末期においては，家族と患者が心地よく過ごせるように療養の場を調整することが必要である。

2　退院計画と退院援助

退院支援計画

　療養の場が医療機関から在宅・施設へ円滑に移行するためには，入院の早期から退院後の生活を見越して計画的に退院支援を行う必要がある。他職種カンファレンスの実施や，かかりつけ医，ケアマネジャーや在宅サービスの担当者と連携を図りながら，医療と介護サービスがシームレスに連携して在宅支援体制を整えていく。

　患者が安心・納得して退院し，早期に住み慣れた地域で療養や生活を継続できるように，保険医療機関における退院支援の積極的な取り組みや医療機関間の連携等を推進するための評価として，2016（平成28）年度診療報酬改定で「退院支援加算」が新設された。退院支援・地域連携業務に従事する看護師または社会福祉士が専任で配置されていることなどが要件である。

退院援助

　入院中の患者が，その病院での治療が終了したということで，ソーシャルワーカーへ退院援助の依頼がなされる。退院援助の際，①自宅または，ほかの医療機関や介護施設への入所などの退院先，②患者の病状やADLなどの身体

153

第Ⅲ部　生活を支える医療ソーシャルワーク実践

状況，③医師からどのような説明を受けているか，などを確認する。自宅に退院する場合には，在宅療養のサービス調整なども必要となる。患者は，「まだ良くなったわけではないのに」と，退院に消極的になる場合があり，退院援助には心理面のサポートも必要とされる。医療ソーシャルワーカー業務指針には，退院援助は，以下のように記載されている。

　　生活と傷病や障害の状況から退院・退所に伴い生ずる心理的・社会的問題の予防や早期の対応を行うため，社会福祉の専門的知識及び技術に基づき，これらの諸問題を予測し，退院・退所後の選択肢を説明し，相談に応じ，次のような解決，調整に必要な援助行う。
　　①地域にける在宅ケア諸サービス等についての情報を整備し，関係機関，関係職種等との連携の下に，退院・退所する患者の生活及び療養の場の確保について話し合いを行うとともに，傷病や障害の状況に応じたサービスの利用の方向性を検討し，これに基づいた援助を行うこと。
　　②介護保険制度の利用が予測される場合，制度の説明を行い，その利用の支援を行うこと。また，この場合，介護支援専門員等と連携を図り，患者，家族の了解を得た上で入院中に訪問調査を依頼するなど，退院準備について関係者に相談・協議すること。
　　③退院・退所後においても引き続き必要な医療を受け，地域の中で生活をすることができるよう，患者の多様なニーズを把握し，転院のための医療機関，退院・退所後の介護保険施設，社会福祉施設等利用可能な地域の社会資源の選定を援助すること。なお，その際には患者の傷病・障害の状況に十分留意すること。
　　④転院，在宅医療等に伴う患者，家族の不安等の問題の解決を援助すること。
　　⑤住居の確保，傷病や障害に適した改修等住居問題の解決を援助すること。

第12章　退院援助

転　院

　急性期における治療が終了したのち自宅退院せずに，リハビリや療養をほか
の医療施設に入院して継続する場合がある。ある医療機関から他の医療機関へ
治療の場を変えることを転院という。転院を希望するときは，主治医に希望を
伝える。転院先は，地理的な条件や治療の必要性に応じて病院の機能と合った
施設を選択していく必要がある。転院先は患者が探す場合と医療相談室などで
ソーシャルワーカーが患者や家族の希望を聞きながら調整していく場合がある。

　転院の際には，転院先で，継続した治療を受けることができるように必要な
書類として，①診療情報提供書，②看護サマリー，③退院証明書などがある。

　転院の移送手段として，救急車は緊急な場合のみに限られている。転院を援
助する際には，患者が車に座ることができるのか把握しておく必要がある。寝
台のまま移送する場合には，必要に応じて，福祉タクシーなどを手配する。

3　退院援助の支援の実際

クライエントの概要

　Aさん（女性，82歳）は，共稼ぎの息子夫婦と3人暮らしである。軽いもの
忘れがあるが，日常生活に支障はなく，日中はひとりで過ごしていることが多
かった。2週間前に浴室で転倒し，右大腿骨頸部骨折で手術を受けた。術後の
経過は順調で，リハビリ目的で回復期リハビリテーション病棟に転院となった。
転院時のADL（日常生活動作）は，車いすレベルで，排泄や入浴には介助が必
要である。転院2か月後，トイレまでは杖歩行で行くことができるようになっ
たが，転倒した経験から入浴をひとりで行うのは不安がある。本人は自宅に帰
ることを楽しみにしている。

　入院時に息子夫婦より「本人も希望しているので，自宅に帰ってきてほしい
のですが，このままの状態では，自宅退院は無理です。せめてトイレにひとり
で行ってもらわないと困ります。古い家ですから，浴室も狭いし家族がお風呂
に入れてあげることはできません。日中はひとりなので認知症にならないか心

155

第Ⅲ部　生活を支える医療ソーシャルワーク実践

配です」と相談を受けた。

支援の内容とその結果

　まず，Aさんに対して入院時スクリーニング⁽³⁾として①居住形態，②介護者，③認知症の有無，④利用している社会資源，⑤退院後予測される医療処置などを把握した。介護保険は申請してから認定まで約1か月を要する。これまで介護保険を利用したことがなかったため，早い段階で介護保険について本人と家族に説明を行い，本人と家族で相談する時間を設けた。結果，退院時に介護保険サービス調整を行えるように，申請を決め，手続きをした。Aさんと家族は，自宅への退院を希望していたため，自宅での生活環境について相談を行った。Aさんが歩行可能なレベルになった時期に家屋評価⁽⁴⁾を行うこととし，ケアマネジャーと院内スタッフの日程調整を行った。Aさん宅を訪問すると，トイレと廊下に2か所手すりを設置すれば介助なしで排泄が可能であったため，介護保険を利用して手すりを設置することを紹介した。その後，手すりの設置を本人が決めた。また，家族の介護負担と本人の希望もあり浴室は改修せず，通所リハビリを利用して入浴できるように提案した。

　退院後にもリハビリの継続を希望していること，日中ひとりで過ごして認知症にならないか心配していることをカンファレンスで伝え，ケアマネジャーにサービス調整会議での提案を依頼した。退院後のサービスと手すりの設置など生活環境が整ったため，入院60日目に自宅退院が可能となった。

　以上は，骨折をきっかけにADLが低下し介護が必要となるケースである。受傷まで日常生活が自立していた場合には，患者・家族が介護保険の知識をもたないケースが多い。独居や家族の介護を期待できない高齢者に対しては，入院時から介入し，患者・家族が安心して日常生活を送るためにどのような支援が必要かアセスメントを行う必要がある。病気や障がいを抱えたまま在宅に移行することは，不安を伴う。社会福祉士に求められることは，クライエントの「退院後は，こうありたい」という希望を面接を通じて繰り返し相談し，実現

156

第12章　退院援助

可能な暮らしの確立に向けて，療養中の心理的・社会的問題の解決や調整援助を行っていくことである。

注

(1) 厚生労働省「平成27年医療施設（静態・動態）調査・病院報告」(http://mhlw.go.jp/toukei/list/80-1.html，2017.8.10)。

(2) 内閣府（2012）『平成24年版高齢社会白書』。

(3) 退院援助は，日数を要するため問題が生じてから援助を開始するのではなく，入院時にどのような支援が必要か把握し，生じる問題を予測して，計画的に援助する。スクリーニングは，クライエントのニーズを引き出すコミュニケーションツールでもある。

(4) 入院治療によって ADL の低下が予測される場合には，生活スタイルの再編が必要となる。家屋評価とは，退院先の住宅環境の課題解決に向けてケアマネジャー，理学療法士らが患者宅を一緒に訪問し，患者の生活に合わせて手すりの位置や家屋改修の必要性などを調査し評価することである。手すりの設置や段差解消などの住宅改修は介護保険の対象となっている。

参考文献

公益法人日本医療社会福祉協会（2002）「医療ソーシャルワーカー業務指針（2002年改定版）」。

公益社団法人全国国民健康保険診療施設協議会（2013）『在宅移行の手引き――医療・介護の連携に基づいた退院支援に向けて』。

厚生労働省（2014）「終末期医療に関する意識調査等検討委員会報告書」。

Lynn J. et al. (2003) Living well at the end of life : Adapting health care to serious chronic illness in old age. *Rand Health* ; 2003. p 8 （http://www.rand.org/content/dam/rand/pubs/white_papers/2005/WP137.pdf，2016.8.10)。

読者のための参考図書

大本和子・笹岡眞弓・高山惠理子編著（2004）『新版　ソーシャルワークの業務マニュアル――実践に役立つエッセンスとノウハウ』川島書店。

　　　――現場ならではの実践的な内容で，新人医療ソーシャルワーカーが業務を行う際にハンドブックとして活用できる。

157

第Ⅲ部　生活を支える医療ソーシャルワーク実践

東京大学高齢社会総合研究機構編著（2013）『東大がつくった確かな未来視点を持つ
ための高齢社会の教科書』ベネッセコーポレーション。
　　——高齢社会の諸問題について日本の未来を見据えて解説されている。
長尾和宏（2015）『長尾和宏の死の授業——あなたは，どう逝きたいか？日本人は，
死に方を選べるのか？』ブックマン社。
　　——死に対して日本人はどのように受け止めているのか，「死」について講義形式
　　で初学者にもわかりやすく記載されている。

第13章

社会復帰援助

　「社会復帰」とは，「病気や事故で社会活動のできなくなった人が，訓練により再び社会人として活動できるようになること」[1]とされ，その「援助」はリハビリテーション概念に関係する。リハビリテーションとは，医学的・教育的・職業的・社会的の各手段を組み合わせ，実践されることによって，障がいをもった個人の社会的統合を達成させるプロセスであり，「社会復帰援助」はその局面のひとつと考えられる。リハビリテーションの観点による「社会復帰援助」は，単に「社会活動を再獲得するための訓練」だけを表すものではなく，その本質的な目的や意義はリハビリテーションと同様に，「全人間的復権」[2]にあるといえる。一方で「社会復帰」とは，病気や事故に限らず，軍隊や刑務所，寺院など，特異的な社会活動や生活から一般社会への再適応を図る意味でも使われる。また，関連する用語として「就労支援」がある。これは，社会復帰援助と同様に，「働くこと」への社会福祉を基盤とする専門的支援として，共通の視点と方向性をもった相互に関連する用語である。現在，医療ソーシャルワーカーの社会復帰援助とは，就労支援，権利擁護，更生保護，教育問題等，拡大する「社会復帰」の領域と密接な関連となり，保健医療サービスの領域にとどまらず，利用者の全体的な生活課題として，包括的・開発的に取り組む支援が求められている。

第Ⅲ部　生活を支える医療ソーシャルワーク実践

1　復職支援と社会復帰援助

「医療ソーシャルワーカー業務指針」における社会復帰援助

　1989（平成元）年版の業務指針では，「社会復帰援助」は「退院援助」の一部として位置づけられていたが，2002（平成14）年の改正通知では独立した項目となり，「社会復帰援助」は，復職支援と復学支援の２つに整理された（第６章第３節参照）。1989（平成元）年版との変更点として，復職・復学を支援するにあたり，「患者の職場や学校と調整を行う」ことが具体的に明示され，「関係機関，関係職種との連携や訪問活動等」など，病院内にとどまらない積極的な支援の方向性が打ち出されている。

生活モデルと復職支援

　ソーシャルワークにおける生活モデルでは，「人と環境の適応的な状態（Person：Environment Fit）」を志向している。[3]ジャーメイン（Germain, C. B.）らは，人々が陥る困難や苦境の源泉となり，相互に影響を及ぼし合う要因として，「生活上に困難をもたらすような出来事とその推移，精神的外傷を引き起こすような体験」「自然環境や人工的な生活環境からのストレス」「不適応を起こすような人間関係（家族・集団・コミュニティ）」の３つを指摘している（図13-1）。人々の抱える生活問題とは，決して一元的な状況ではなく，これら３要因間の連鎖的・循環的な過程のなかにあり，多元的・多面的な様相をもつ。ソーシャルワーカーは，この３要因および３要因間の交互作用に介入することを専門的機能として，「適応的なバランス」や「心地よさ」という状態像に到達するために，具体的な行動や変化をクライエントとともに構築していくのである。ひとりのクライエントが疾患や事故で仕事を失う，または失いかけるということは，クライエントの職歴上の問題だけにとどまらず，治療後の身体的変調や障がい，将来への不安，収入減による経済的困難，家族の不安，社会の偏見など，クライエントの心理社会的状況に関係するすべての人と状況に，影響をおよぼ

第13章 社会復帰援助

図13-1 専門的機能とライフストレッサー

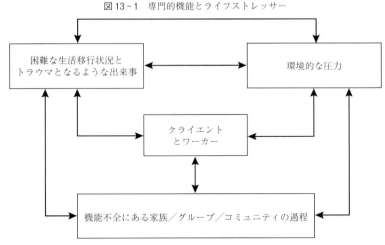

出所：C. B. Germain & A. Gitterman (2008) *THE LIFE MODEL OF SOCIAL WORK PRACTICE THIRD EDITION*, COLUMBIA UNIVERSITY PRESS. 74. Figure 3.1 をもとに筆者翻訳・作成。

すであろうことは想像に難くない。クライエントの病気や事故が，職業生活上の変化を呼び起こし，波紋が広がるようにさまざまな困難が立ち現れる。クライエントの困難さとは，生活モデルの3領域が，相互に影響をおよぼし合い，複合的なストレッサーとなっていることである。社会復帰援助の重要な視点は，「就労を目的化するのではなく，生活を再構築するうえでの手段としてとらえていく(4)」ことであり，クライエントの過去から現在までの生活の全体性が，交互作用的に理解されること，そして新たな適応バランスの構築に向け，クライエントとともに作業を進めることなのである。

また，疾患や事故は，クライエントの個人的問題だけでなく，社会的な意味や問題を含む場合がある。わが国におけるじん肺や中皮腫，輸血後肝炎や非加熱製剤による HIV 感染など，クライエントの従前の労働・職場環境，あるいは医療体制や薬害などの社会状況が，疾患や事故の原因とも誘因ともなり得る。ジャーメインは，「健康領域にかかわるすべてのソーシャルワーカーは，職業上の危険要素について知識をもたなければならないし，その『しごと』の内容

161

第Ⅲ部　生活を支える医療ソーシャルワーク実践

と経過について，クライエントとともに確かめる必要がある」ことを指摘している。復職支援では，ミクロからマクロ・アドボケイトへの構えを保持しておく必要がある。

「復職支援」を越えて

　復職支援として社会的要請の高い対象に，がん患者の就労支援がある。今や３人にひとりが罹患し，わが国の死因の第１位を占める疾患であるが，新たな治療法や緩和治療・緩和ケア技術の発達により，がんサバイバーとして社会復帰を果たしている人や，治療を続けながら復職する人も出ている。しかし一方で，「がんで退職した患者の４割が，その治療前に退職している」事実がある。その理由の多くが「職場に迷惑をかける」「両立の自信がない」であり，職場との調整や，副作用コントロールなど症状緩和の理解が得られていれば，離職せずに済んだ可能性がある。図13-2は，『第１回がん患者就労支援意見交換会報告書』において，がん患者を交えて討論された内容を，筆者がまとめ，モデル化したものである。

　求められている支援は，「復職」の局面だけではなく，①離職防止，②復職支援（復職準備支援と復職（再適応）支援），③再就職支援，④起業支援，の４点が社会復帰に必要な社会的整備として整理された。一方で，がん患者への直接的支援は，職場内の人間関係やハラスメント，仕事内容の変化，収入状況など，「個人の適応や個別環境への調整」を要する高度な支援技能であることが示された。この「個人の適応」ニーズへの対応と「社会的整備」は，具体的なしくみ（相談体制や多機関・多職種の連携体制，啓発や事業者支援）でサービスとして提供され，一人ひとりの事情に応じた相談と，制度が一体化した支援システムを構築する。事例（ミクロ）の経験知や情報が共有化され，再び支援技能や制度等社会資源にフィードバックされながら，全体（メゾ，マクロ）としての就労支援が開発的に推進されることをモデルとしている。

　復職支援における生活モデルの視点と，ミクロからマクロを循環する視点は，がん患者に限らず，疾患や事故による中途障がい者への復職支援，うつ病患者

第13章 社会復帰援助

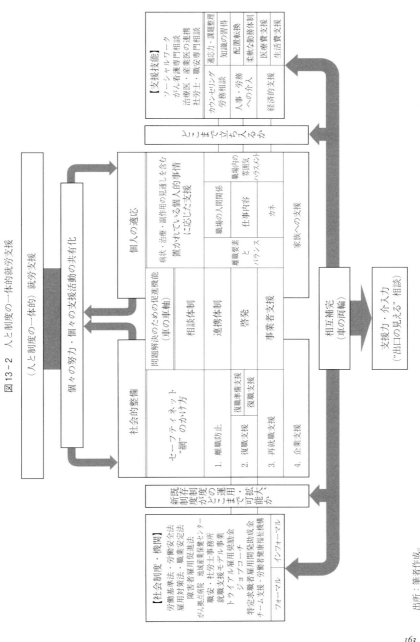

図13-2 人と制度の一体的就労支援

出所：筆者作成。

第Ⅲ部　生活を支える医療ソーシャルワーク実践

のリワーク，HIV や難病患者への復職支援などについても同様である。医療ソーシャルワーカーには，ミクロレベルの支援で終わることなく，共通する課題や支援技能の共有化，ミクロからマクロ・アドボケイト，社会資源の開発といった，メゾ・マクロレベルの復職支援への取り組みが望まれる。

2　復学支援と社会復帰援助

医療と復学支援

　近年，医療技術やケア技術の発達によって，医療的処置など健康管理を必要とする児童が，在宅でケアされるようになった。それに呼応して，主として小児がん看護領域において，患児の復学支援に関する調査・研究が，2006年以降増加傾向にあると指摘されている。そうした調査から，「患児への直接的な支援と併せて，教員との早期の連携，クラスメートやその家族へのサポート体制など，環境を整える間接的な支援の必要性」「子どもの退院後，学校側が直接医療者とのコミュニケーションが図れるような窓口の完備」など，社会的なニーズや課題が浮き彫りになってきた。復学支援にはこうした多様な問題の発生が考えられ，さらに「【入院中】【退院前後】【復学後】というように，時期による特徴」も指摘されている。復学支援には，各時期に応じた細やかな相談体制や，学校との連携窓口の設置，社会的サポートとあわせて，総合的・包括的な支援が必要で，復学後も見据えた一貫性のあるコーディネートが求められる。

　医療ソーシャルワーカーは，ソーシャルワークの媒介機能を発揮しつつ，必要とされる相談体制の構築や，学校や在宅医，訪問看護，自立支援サービスの提供機関など，社会的なサポートにつながるよう仲介し，必要なコーディネートをチームとともにを行う。

スクールソーシャルワーカーとの連携

　「生活支援の継続性」という観点からは，生活モデルの視点を共有できるス

クールソーシャルワーカーと連携体制を構築することも考えられる。スクール
ソーシャルワーカーとは、「教育分野に関する知識に加えて、社会福祉等の専
門的な知識や技術を活用し、問題を抱えた児童に対し、当該児童生徒が置かれ
た環境へ働きかけたり、関係機関等の連携をより一層強化し、問題を抱える児
童生徒の課題解決を図るためのコーディネーター的な存在」として、2008（平
成20）年、文部科学省により、スクールソーシャルワーカー活用事業の一環と
して配置された。ジャーメインはスクールソーシャルワーカーの役割を、「子
ども、両親、コミュニティが、コンピテンス（社会的力量）を高めるための援
助をする位置に立ち、同時に、3者のニーズや願望に対する学校の『応答性』
を高める援助を行うこと」[12]と述べている。本来、何らかの健康管理を必要とす
る児童が復学する場合においても、スクールソーシャルワーカーは生活モデル
の視点から、復学後に予測されるさまざまな課題に対応して、児童、両親、学
校やコミュニティ、関係機関間のインターフェイス（中間面）に立ち、専門的
な仲介機能を発揮することが期待されるのである。文部科学省より年次発行さ
れている「スクールソーシャルワーカー実践活動事例集」の初版（2008（平成
20）年12月発行）において、スクールソーシャルワーカーが連携する14の関係
機関が示されているが、医療機関は含まれていなかった。[13]医療と教育という異
なるシステムの共同は、自然発生的に営まれることは難しく、医療ソーシャル
ワーカー、スクールソーシャルワーカー双方が、接近性の特質を活かしつつ、
両領域にまたがる支援システムの構築に、積極的にかかわるべきである。

　医療ソーシャルワーカー業務指針における復学支援とは、医療的処置を要す
る児童や、障がいをもつ児童の学校場面への調整という断片的なことではなく、
当該児童にとっては教育保障そのものである。その体制整備は、未だ過渡的状
況ともいえるが、だからこそソーシャルワーカーの包括的・開発的実践が期待
される領域でもある。

第Ⅲ部　生活を支える医療ソーシャルワーク実践

3　社会復帰援助の支援の実際

医療ソーシャルワーカーとの出会いまで

　Aさん（男性，33歳）は父親と姉家族（息子ひとり）の5人暮らし。11歳の時に脳卒中を起こし，その後，軽度左片麻痺と知的障がい（療育手等B2）の後遺症がある。中学校卒業までは，普通学級に在籍し，卒業後は家事手伝いをしていた。療育手帳更新時に担当者から作業所の利用を勧められ，20〜25歳まで地域の作業所（その後，就労支援事業所B型）に通っていた。しかし，「自分は障がい者ではない。自分には作業所はふさわしくない」と話し，徐々に通所しなくなった。以後は定職なく，障害基礎年金と自営業を営む父親からの小遣いで過ごしている。今回は社会的な不適応行動から，精神神経科受診となり，精神科医師より，復職を含む社会的サポートと家族関係の調整支援のため，医療ソーシャルワーカー（以下，MSW）に依頼された。

支援の経過

　初回面接で同伴してきた姉夫婦によると，最近，不動産屋や車などの販売会社に行き，勝手に高額な契約を交わしてしまう。身なりや言動は一見しっかりしているように見えるため，店舗店員も信じてしまうらしい。その後始末で大変である。今回の受診は，最近の行動がおかしいと考え，10年ぶりに脳外科を受診したが，脳外科的には異常はなく精神科受診を勧められたためであった。姉夫婦は「病気か障がいなら，病院か施設を紹介してほしい」と訴えた。

　一方でAさんは，ノートいっぱいに，自分は天才でいつか家族を見返すこと，自分のことを誰もわかってくれないことを綴っていた。MSWはそれらを題材に，Aさんの自尊感情に焦点をあてながら面接を重ね，家族に対しては，大変さを労いつつ，Aさんに対して，あまり管理的になりすぎないようにと関係のもち方を話しあった。3か月経過後，父親と姉夫婦が再来し，「以前より勝手な契約は減ったようだ。何より笑うようになり，一緒にご飯を食べるように

166

なった。笑顔をみると，やっぱり家族で愛おしい。施設を勧めるようなことを最初は言ったが，やめてほしい」と涙ながらに言われた。MSW は，A さんの笑顔の力，相手とコミュニケーションし契約する力など，A さんの「強み（ストレングス）」について振り返りながら，A さんには社会的な活動や参加が必要なことを家族へ伝えた。当初，家族は懐疑的であったが，A さんは「仕事がしたい，作業所はいや」と強く希望した。MSW はまず医療的に，身体的・精神的にどの程度の就労が可能なのか，脳外科，精神科，循環器内科の医師に照会し，治療上の指示を受けた。身体的には降圧剤を服薬することで，フルタイムの作業は可能であること，精神科的には知的障がい者として療育手帳を所持しているものの発達遅滞ではなく，今回の問題行動は強いストレスで 2 次反応的な症状と考えられ，終診とするという回答を得た。これを受け，MSW は，A さんの「仕事がしたい」という意欲と，A さんの「強み（ストレングス）」を最大限に活用することを優先した。IPS（個別職業紹介とサポート）では，保護的な職業前訓練やアセスメントは，かえって本人の仕事への意欲を減退させ，適職を見つけ出すことの弊害となることがあるとして，最小限にすることを勧めている。従来の職業支援である「train‐then‐place：保護的な場で訓練する」から，「place‐then‐train：早く現場に出て仕事に慣れる」の進め方で，地域活動支援センター[14]や就労継続支援事業所B型[15]というステップは踏まず，A さんの希望どおり，直接正規雇用として社会復帰を計画した。A さんの実際的な能力を理解することと，支援のネットワークをつくるために，障害者職業センター[16]で評価を受け，その結果をもとにハローワーク（公共職業安定所）の障害者雇用専門官と連携した。当初，クリーニング工場に試用採用されたものの，作業上障がいとなったのは知的障がいではなく，軽度左片麻痺の身体障がいであった。A さんは，あらためて自分の身体障がいと向き合うこととなり，気持ちの落ち込みもみられたが，社会復帰のため前向きに支援サービスを利用していく目的で，身体障害者手帳の取得を選んだ。MSW は身体障害者手帳指定医師（身体障害者福祉法第15条）に対し，職業場面で観察された動作状況を報告し，認定基準と照らし合わせて診断に役立てるよう情報を提供した。身障手帳取得

167

第Ⅲ部　生活を支える医療ソーシャルワーク実践

後，再度就労支援計画を図り，ハローワークからの紹介で，大手自動車ディーラー販売店の洗車係として採用された。企業在職型のジョブコーチが配属されていたため，職業センターで支援計画を依頼し，2か月間の職場適応訓練を経て正式採用された。Aさんは「僕には，作業所は似合わない」と誇らしく，その笑顔で応えられた。

注

(1)　『広辞苑（第5版）』岩波書店。

(2)　小山秀夫・笹岡眞弓・堀越由紀子編著（2016）『保健医療サービス（第3版）』ミネルヴァ書房，161。

(3)　Germain, C. B., & Gitterman, A. (2008) Life Model of Social Work Practice Third ed, *COLUMBIA UNIVERSITY PURESS*, 54-55.

(4)　朝日雅也・布川日佐史編著（2013）『就労支援（第2版）』ミネルヴァ書房，6。

(5)　Germain, C. B., & Gitterman, A. (1984) *"Social Work Practice in Health Care"*, Free Press, 31.

(6)　『読売新聞』平成28年6月2日，朝刊「ガンで退職，4割が治療開始前に──『職場に迷惑』『自信なし』」。

(7)　和田光徳（2015）「（人と制度の一体的）就労支援」『第1回がん患者就労支援　意見交換会報告書』NPO法人　大阪がんええナビ制作委員会，NPO法人　がんと共に生きる会，26別添資料。

(8)　堀妙子・関恭子・奈良間美保（2002）「医療的処置を行っている小児が通院している外来看護の実態と看護師の意識に関する調査」『日本小児看護学会誌』11(2)，28-33。

(9)　平賀紀子・古谷佳由理（2011）「小児がん患児の復学支援に関する文献検討」『日本小児看護学会誌』20(2)，72-78。

(10)　加藤千明・大見サキエ（2012）「小児がんに罹患した子どもの復学を担任教員が支援していくプロセス」『日本小児看護学会誌』21(2)，17-24。

(11)　前掲(8)，75。

(12)　カレル・ジャーメイン著／小島蓉子編訳『エコロジカル・ソーシャルワーク　カレル・ジャーメイン名論文集』学苑社，135。

(13)　文部科学省（2008）「スクールソーシャルワーカー実践活動事例集」30-32。本文

中「資料2」に掲載される関係機関には，「保健関係」として保健所・保健セン
ター，精神保健福祉センターが示されている。一方で同事例集巻末の「スクール
ソーシャルワーカー活用事業」の図中には，スクールソーシャルワーカーが連絡・
調整する関係機関として，「保健・医療機関」が記載されている。しかし，本論の
主旨である「医療的処置を要する児童や，障がいをもつ児童の復学支援」という点
において，スクールソーシャルワーカーと医療機関との連携体制は，いじめ・不登
校対応や貧困児童対策に並ぶほど，注力されてはいない。「児童生徒が置かれた
様々な環境への働き掛け」として，スクールソーシャルワーカーと医療機関の連携
機能は，いまだ希薄と考えられる。

⑭　地域活動支援センターとは，障害者総合支援法に規定され，市町村や都道府県が
行う地域生活支援事業に位置づけられる施設。障がい者に創作的活動または生産活
動の機会の提供，社会との交流の促進等を図る。就労支援においては訓練までの活
動の場としての活用や，いわゆる「居場所」といわれる交流や余暇の場としての活
用など地域の特性に応じて活動が展開されている（前掲⑷，103）。

⑮　就労継続支援事業所B型とは，障害者総合支援法に規定される訓練等給付の就労
継続支援事業に位置づけられる事業所。A型，B型の2種類あり，いずれも通常の
事業所に雇用されることが困難な65歳未満の障がい者が対象となる，雇用契約にも
とづく就労が可能な者を対象とするA型，B型は雇用契約にもとづかずに通所によ
る生産活動の機会を，期間を定めずに提供して，知識・能力の向上のための訓練を
行う事業所である（前掲⑷，93）。

⑯　障害者職業センターとは，障害者雇用促進法にもとづき，独立行政法人高齢・障
害者雇用支援機構が運営している施設。ハローワークと密接な連携をとりながら，
職業評価，職業指導，職業準備支援，職場適応援助者（ジョブコーチ）による支援
事業，リワーク支援，関係機関への技術的助言等を行っている（前掲⑷，71）。

参考文献

Germain, C. B., & Gitterman, A. (1980) Life Model of Social Work Practice, *COLUMBIA UNIVERSITY PURESS.*

伊藤順一郎・香田真希子監修（2010）『IPS 入門——リカバリーを応援する個別就労
支援プログラム1』NPO法人地域精神保健福祉機構。

岩間伸之（2000）『ソーシャルワークにおける媒介実践論研究』中央法規出版。

目黒輝美・佐々木哲二郎・泉浩徳（2012）『生きている働いている——障がい者の就
労を地域で支える』大学教育出版。

第Ⅲ部　生活を支える医療ソーシャルワーク実践

読者のための参考図書

目黒輝美・佐々木啓二郎・泉浩徳（2012）『生きている働いている──障がい者の就労を地域で支える』大学教育出版。

　──障がいのある人にとっての「働く」ということの意味について，「稼ぎ」と「仕事」の概念を用いて掘り下げ，就労支援の実際をわかりやすく概説している。

村上須賀子・竹内一夫編（2012）『医療ソーシャルワーカーの力──患者と歩む専門職』日本医療ソーシャルワーク学会。

　──現役の医療ソーシャルワーカーによって執筆された論考集である。医療ソーシャルワークによる復職・復学支援の実際と課題が，具体的に述べられており参考になる。

第14章

受診・受療援助

　医療ソーシャルワーカーは、保健医療の場，すなわち病院，診療所，介護老人保健施設等で，療養中の患者の心理的・社会的問題の解決に向けて相談援助を行う。受療・受診における患者のニーズは，治療に伴う不安や，生活面などの基本的なニーズから，治療費，就労などを含み幅広い。最新の医療技術を前にしても，経済，心理，社会，精神的な多様な理由から，適切な医師の指導を患者が受け入れられないケースもある。受診・受療の医療ソーシャルワークは，ソーシャルワークにおける価値・知識・技術を基盤としながら，主治医の指示のもと，治療に要する患者の情報を集約し，他の医療者や，家族，支援グループと連携して治療に役立てる役割を果たし，人々の社会生活を支える実践である。

1　生活環境と医療

生活習慣と健康状態
　生活習慣は健康に影響を与える。2014（平成26）年「国民健康・栄養調査」[1]によると，所得によって生活習慣に差があり，健診の受診率にも差がある。所得が低い世帯では，健診受診率が低く，喫煙習慣，高血圧，肥満，運動習慣がない，などの生活習慣病の発症リスクが高い健康状態にある。

貧困と疾病の連鎖
　疾病やけがによって就労できないことは，生活の基盤の崩壊につながること

第Ⅲ部　生活を支える医療ソーシャルワーク実践

になる。生活費として収入がなくなるだけでなく，医療費の負担も家計を圧迫する。在宅療養や介護が必要になった場合には，家族の生活にも影響を与える。

　2015（平成27）年の「相対的貧困率」は，13.9％といわれている[2]。これは，7人に1人が相対的貧困状態ということである。母子世帯の就業状況は80％で，その60％は非正規職であり，就労による年間所得は200万円に満たない。非正規労働者は，収入が低いうえに正規労働者には保障されているさまざまな社会保障のネットワークから除外されており，ワーキングプアという新たな貧困の問題を引き起こしている。ダブルワーク，トリプルワークを余儀なくされるケースでは，十分な休息が取れない。また，少々体調が悪くても仕事を失うことや医療費を心配して受診行動に結び付かないことや，治療の中断が起こりやすい。疾病の悪化や重症化によって就労ができなくなり，収入が得られず，ますます貧困に陥るという悪循環が起こる。

過労死

　長時間の労働や業務上のストレスは心身のバランスを崩しやすい。「過労死等」とは，過労死等防止対策推進法第2条において，「業務における過重な負荷による脳血管疾患若しくは心臓疾患を原因とする死亡若しくは業務における強い心理的負荷による精神障害を原因とする自殺による死亡又はこれらの脳血管疾患若しくは心臓疾患若しくは精神障害をいう」と定義されている。厚生労働省によると，2015（平成27）年度，過重な負荷による脳血管疾患もしくは心臓疾患による労災請求は795件であり，運輸業・郵便業の職種による労災請求が一番多い。多くは，1か月あたりの時間外労働時間が80時間を超えている[3]。

　業務における強い心理的なストレスを原因とする精神障がいにより労災請求された件数は，年々増加している。2016（平成28）年度の自殺による請求件数は198件であった（表14-1）。

　精神障がいの労災請求が多い職種は，医療・福祉職である。心理的な負荷の具体的な出来事として対人関係（職場での嫌がらせ，上司とのトラブル）が多い。

172

第14章　受診・受療援助

表14-1　精神障害の労災補償状況

区　分	年　度	2012年度	2013年度	2014年度	2015年度	2016年度
精神障害	請求件数	1257（482）	1409（532）	1456（551）	1515（574）	1586（627）
	決定件数[2]	1217（418）	1193（465）	1307（462）	1306（492）	1355（497）
	うち支給決定件数[3] ［認定率］[4]	475（127） ［39.0%］（30.4%）	436（147） ［36.5%］（31.6%）	497（150） ［38.0%］（32.5%）	472（146） ［36.1%］（29.7%）	498（168） ［36.8%］（33.8%）
うち自殺[5]	請求件数	169（ 15）	177（ 13）	213（ 19）	199（ 15）	198（ 18）
	決定件数	203（ 19）	157（ 12）	210（ 21）	205（ 16）	176（ 14）
	うち支給決定件数 ［認定率］	93（ 5） ［45.8%］（26.3%）	63（ 2） ［40.1%］（16.7%）	99（ 2） ［47.1%］（ 9.5%）	93（ 5） ［45.4%］（31.3%）	84（ 2） ［47.7%］（14.3%）

審査請求事案の取消決定等による支給決定状況[6]

区　分	年　度	2012年度	2013年度	2014年度	2015年度	2016年度
精神障害	支給決定件数[7]	34（ 4）	12（ 2）	21（ 6）	21（ 4）	13（ 2）
	うち自殺	15（ 0）	5（ 0）	10（ 1）	13（ 0）	7（ 1）

注：1）　本表は，労働基準法施行規則別表第1の2第9号に係る精神障害について集計したものである。
　　2）　決定件数は，当該年度内に業務上または業務外の決定を行った件数で，当該年度以前に請求があったものを含む。
　　3）　支給決定件数は，決定件数のうち「業務上」と認定した件数である。
　　4）　認定率は，支給決定件数を決定件数で除した数である。
　　5）　自殺は，未遂を含む件数である。
　　6）　審査請求事案の取消決定等とは，審査請求，再審査請求，訴訟により処分取消となったことに伴い新たに支給決定した事案である。
　　7）　審査請求事案の取消決定等による支給決定件数は，上表における支給決定件数の外数である。
　　8）　（ ）内は女性の件数で，内数である。認定率の（ ）内は，女性の支給決定件数を決定件数で除した数である。
出所：厚生労働省「平成28年度　過労死等の労災補償状況」。

過労死を防ぐ取り組み

　近年，わが国において過労死等が多発し大きな社会問題になっており，過労死等防止対策推進法が2014（平成26）年に成立・施行された。「過労死等の防止のための対策を推進し，もって過労死等がなく，仕事と生活を調和させ，健康で充実して働き続けることのできる社会の実現に寄与すること」（第1条）を目的としている。2016（平成28）年10月には，「過労死等防止対策白書」がはじめ

第Ⅲ部　生活を支える医療ソーシャルワーク実践

て公表され，過労死等の概要や防止のために講じた施策の状況についてまとめられている。

　また，2015（平成27）年12月より，働く人のこころの健康・過重労働対策，働きやすい職場環境改善のために職場において「ストレスチェックの実施」が義務化された。ストレスチェックは，法的拘束力はなく実施しなくても罰則はない。また，従業員50人未満の事業者においては労働基準監督署への報告義務がない。しかし，ストレスチェックを実施せず従業員が精神障がいとなった場合には，安全配慮義務違反となり責任を負うことになる。

がん

　わが国において2人に1人が，がんに罹患するといわれている。がん患者やその家族は，身体的な苦痛だけでなく，社会とのつながりを失うことに対する不安や仕事と治療の両立が難しいなどの社会的苦痛をかかえている。2012（平成24）年度から5か年の「がん対策推進基本計画」の重点的に取り組むべき課題に，働く世代のがん対策の充実が盛り込まれている。疾病や治療に伴う患者や家族の心理的，社会的な悩みの相談を受け，その解決に向けて支援を行っていくことが必要である。

治すから支える医療へ

　医療の目的は病院での救命・治療という「治す医療」から，複数の慢性疾患を抱えながら住み慣れた地域で生活する人の機能改善，尊厳ある看取りまでを含めた人生の支援，つまり「支える医療（＝時々入院・ほぼ在宅）」に転換している。

　2025（平成37）年には，団塊世代が75歳を迎え，認知症高齢者が323万人に達すると予測される。限られた病床数の有効活用と社会保障費の抑制のため，医療・福祉・介護の3つの分野にまたがる地域連携は，地域包括ケアシステム構築の要である。地域医療福祉システムの対象は，高齢者だけではなく，障害者，子ども，生活困窮者も含まれている。医療・福祉・介護・行政が連携を図りな

第14章　受診・受療援助

がら，病気や障がいをもちながらも地域を基盤として安心してその人らしい尊厳のある暮らしを実現するためのシステムともいえる。

プライマリ・ケアとは

　プライマリ（Primary）とは，「初期の」「最初の」といった意味がある。プライマリ・ケアとは，身近にあって何でも相談にのってくれる総合的な医療である。たとえば，風邪などのような一般的に緊急で生命を脅かすことのない健康不安を感じたとき，専門性の高い医療機関を直接受診することはほとんどない。まずは，地域のかかりつけ医に相談して適切な処置あるいは適切な専門医を紹介してもらうように，プライマリ・ケアには1次医療の役割がある。健康問題は，身体だけでなく精神的，社会的な要素も含まれ，生活習慣や仕事上の悩み，家庭内の役割などと密接に関係している。プライマリ・ケアは，在宅診療や地域の保健・予防など住民の健康を守る役目も担っているため医療だけで完結できない。クライエントの課題の解決に向けて，医療ソーシャルワーカーは，地域との接点となり病院内外の多職種連携の役割を果たしている。

2　受診・受療援助と医師の指示

　患者と医師の関係において，患者は治療を受ける側であるため受け身になりやすい。同じ目標に向かって治療を行うには，医師との信頼関係に基づいた患者の協力が不可欠である。受診・受療援助についての相談を患者・家族から直接に受けた場合や，医療ソーシャルワーカーが自分で問題を発見した場合等も，医師に相談し，医師の指示を受けて援助を行うことが必要である。

医療行為

　医療行為は，生命・病気に焦点をあて病気の治療と改善を機能とする。生命・身体にかかわることであるため，患者にとっては，非日常であっても治療が優先される。治療方針の選択や決定に際して，患者と医療者の関係は対等に

175

第Ⅲ部　生活を支える医療ソーシャルワーク実践

なりにくく患者は受け身となりやすい。病状と治療方針・方法についての，高度で専門的な説明を受けて同意の意思決定を医師から迫られる場面において，患者の不安や戸惑いが特に高まる。そのため，患者や家族が，医師の説明や病状への受けとめ方についてどれだけ理解しているか，納得したうえで医療を受けているのかを把握し，医療者との認識のずれを埋めるように援助していくことが必要である。

パターナリズム

　パターナリズムとは，「父親の子どもに対する権利，義務，責任の関係の特徴としてみられる権限，干渉，保護，温情等が主義として体現されていることや，その内容あるいは体制」のことである。医療現場において「患者のためになる」という医師の大きな権限にもとづいて，患者の意思決定の場面や治療に対して介入したり干渉することは，患者の意思決定にもとづく同意を得ていないことから，インフォームドコンセントに反することになる。

生活モデル

　生活モデルは，対象を「患者」ではなく「病気や障がいをもった生活者」としてとらえ，あるがままに生きていくうえでの「生きづらさ，生活のしにくさ」に着目して，対象と物的・人的環境（家族やコミュニティ，職場や学校など）の関係性にはたらきかける。生活モデルの目標は，さまざまな環境のなかでその人らしい生活（QOL）を維持継続することであるため，病気をもっていることなどというのは暮らしのなかのひとつの出来事にしか過ぎないという視点である。医学的に患者自身の病気やけがの回復を目標とする医学モデルとは視点が異なる。

エンパワメント

　エンパワメントとは，「人とその人の環境との間の関係の質に焦点をあて，所与の環境を改善する力を高め，自分たちの生活のあり方をコントロールし，

第 14 章　受診・受療援助

自己決定できるように支援し，かつそれを可能にする公正な社会の実現を目指す過程」[6]のことで，クライエントが自ら問題解決能力を身につけていくように援助することである。まずは，本人の意思表明の力を押さえつけたり奪ったりしないように心がけ，クライエントの心情を共感し受けとめるだけでなく，クライエント自身の能力やクライエントを取り巻く環境，人的資源も含めてクライエントが気づかない「強み（ストレングス）」に気づいてもらうことが大切である。また，クライエントがどうして問題を抱えるようになったかよりも，クライエントが何を望んでいるかに焦点をあてながら，その人のもつ「強み」が発揮されたり，「強み」を引き出すことが必要である。

受診・受療支援

　ソーシャルワーカーは，主として疾病にかかった人が医療を受けるうえで妨げとなっている心理社会的問題の解決や，疾病によって必要となった生活再構築への援助を行う。急性期からリハビリ期，終末期，また認知症や難病，障がいをもちながら地域で生活する場合など，それぞれに患者の抱える課題が多様化している。受診・受療支援は，患者の主体性を尊重し，他の医療スタッフ等と連携しながら行っていく。患者との信頼関係を基盤とするため，他医療機関や施設等に患者の情報提供をする際にも，患者の了承を得ることが必要である。医療ソーシャルワーカー業務指針には，受診・受療援助は以下のように記載されている。

　　入院，入院外を問わず，患者やその家族等に対する次のような受診・受療の援助を行う。
　　①生活と傷病の状況に適切に対応した医療の受け方，病院・診療所の機能等の情報提供等を行うこと。
　　②診断，治療を拒否するなど医師等の医療上の指導を受け入れない場合に，その理由となっている心理的・社会的問題について情報を収集し，問題の解決を援助すること。

第Ⅲ部　生活を支える医療ソーシャルワーク実践

③診断，治療内容に関する不安がある場合に，患者，家族の心理的・社会的状況を踏まえて，その理解を援助すること。

④心理的・社会的原因で症状の出る患者について情報を収集し，医師等へ提供するとともに，人間関係の調整，社会資源の活用等による問題の解決を援助すること。

⑤入退院・入退所の判定に関する委員会が設けられている場合には，これに参加し，経済的，心理的・社会的観点から必要な情報の提供を行うこと。

⑥その他診療に参考となる情報を収集し，医師，看護師等へ提供すること。

⑦通所リハビリテーション等の支援，集団療法のためのアルコール依存症者の会等の育成，支援を行うこと。

3　受診・受療援助の実際

クライエントの概要

Aさん（40歳，男性）は，ひとり暮らしをしていた。糖尿病による慢性腎不全があり通院していたが，生活が不規則で仕事のストレスから食事や飲酒量が増え症状が悪化し，入院が必要となった。

Aさんは，腎機能が悪化しているので人工透析を導入予定であると主治医より説明を受けた。その後，生活上の相談にのってほしいと病棟看護師より医療ソーシャルワーカーに連絡があり面接を行った。相談の内容は，医療費や生活費の収入面と，人工透析によって仕事を継続できるかどうか不安であるということであった。

支援の内容とその結果

相談援助の際には，何がAさんにとって課題となっているのか，問題状況とニーズを把握し具体的に支援を行っていく。

透析治療は，長期にわたり継続して行う必要がある。患者1人につき外来血

第14章　受診・受療援助

液透析では約40万円，腹膜透析では35〜70万円の医療費がかかる。高額な医療費を患者自身が負担することは困難なため，負担が軽減されるように公的助成制度が確立している。利用できる制度として「身体障害者手帳」[7]「自立支援医療（更生医療）」[8]「特定疾病療養受療証」[9]などがあり，助成を受けるためには，所定の手続きが必要である。Ａさんにこれらの制度を利用することで医療費の自己負担が軽減されることを情報提供した。申請によってＡさんは，身障者手帳１級が認定され，治療費の自己負担が１万円に減額された。

　透析治療は，１回３〜４時間，週３回程の治療を継続することになる。仕事ができなくなるという不安については，Ａさんの治療の見通しや就労制限について医療ソーシャルワーカーは主治医に確認することが必要である。その際，病状や就労制限について，医療ソーシャルワーカーがＡさんに直接説明をするのではなく，Ａさんが主治医から説明を受ける機会を調整する。説明に医療ソーシャルワーカーが立ち会う方法もあり，いずれにしても，Ａさんの不安な気持ちを受けとめ，仕事の調整をＡさん自身が上司と相談できるように支援する。

注

(1)　健康増進法（2002（平成14）年）にもとづき，国民の身体や生活習慣の状況，食生活や栄養摂取量を把握し健康増進につなげるために毎年行われている。

(2)　厚生労働省（2017）『平成28年　国民生活基礎調査の概況』。

(3)　厚生労働省「平成27年度　過労死等の労災補償状況」（http://www.mhlw.go.jp/stf/houdou/0000128216.html，2016.8.10）。

(4)　厚生労働省労働基準局安全衛生部（2016）「労働安全衛生法に基づくストレスチェック制度実施マニュアル（2016.4改訂版）」（http://www.mhlw.go.jp/bunya/broudoukijun/anzeneisei12/pdf/150507-1.pdf，2016.8.22）。

(5)　大澤徳和（2016）「パターナリズム」山縣文治・柏女霊峰編『社会福祉用語辞典（第９版）』ミネルヴァ書房，311。

(6)　久保美紀（2016）「エンパワメント」山縣文治・柏女霊峰編『社会福祉用語辞典（第９版）』ミネルヴァ書房，28。

179

第Ⅲ部　生活を支える医療ソーシャルワーク実践

(7)　一定の永続する障がいを有する人に対し都道府県知事から交付されるもので，腎機能障害は1級・3級・4級に分類される。申請によって，税の控除や免税のほかにも，各種福祉サービスを利用することができる。

(8)　自立支援医療（更生医療）は，身体的な障がいの除去または軽減のために行う治療や手術が対象となる。原則として申請した日から有効であるため，透析導入が決まったら速やかに手続きが必要である。

(9)　加入している医療保険の窓口で申請が必要である。透析治療などの長期にわたり高額な療養費の負担を軽減する。

参考文献

一般社団法人全国腎臓病協議会ホームページ（http://www.zjk.or.jp/，2016.8.10）。

北野誠一（2015）『ケアからエンパワーメントへ──人を支援することは意思決定を支援すること』ミネルヴァ書房。

小西加保留・田中千枝子編（2010）『よくわかる医療福祉』ミネルヴァ書房。

厚生労働省（2015）『平成26年　国民健康・栄養調査の概要』。

厚生労働省（2016）「平成28年版　過労死等防止対策白書」（http://www.mhlw.go.jp/wp/hakusyo/karoushi/16/，2016.12.10）。

厚生労働省（2012）『がん対策推進基本計画』。

社会技術研究開発センター（2015）「認知症高齢者の医療選択をサポートするシステムの開発『医療従事者向け意思決定支援ガイドライン』」（http://j-decs.org/，2016.8.10）。

社会技術研究開発センター（2015）「認知症高齢者の医療選択をサポートするシステムの開発『在宅支援チームのための認知症の人の支援ガイドライン』」（http://j-decs.org/，2016.8.10）。

読者のための参考図書

日野原重明・西三郎・前原澄子・秋山智久監修（2011）『医療福祉学の道標』金芳堂。
　　──医療福祉とは何か，医療と福祉の実践と課題について社会福祉学の視点から解説してある。

古川孝順（2012）『社会福祉の新たな展望──現代社会と福祉』ドメス出版。
　　──社会福祉の歴史に触れながら，急速に変化する現代社会における社会福祉の現状と新たな展望を示してある。

NPO法人日本医療ソーシャルワーク研究会（各年版）『医療福祉総合ガイドブック』医学書院。

第 14 章　受診・受療援助

——社会資源の情報を領域別に整理してあり，相談援助の実践に役立つガイドブックである。

第15章

経済的問題の解決，調整援助

　本章では経済的問題である貧困と疾病との関係を紹介する。わが国の国民皆保険制度は1961（昭和36）年に確立し，公費と各保険からの保険料，窓口負担を財源に制度の維持を行ってきた。国民皆保険制度は日本の医療制度の根幹であり，疾病対策における施策のベースをなすものである。一方で，日本経済は90年代以降の景気の低迷に伴い非正規雇用の増大，所得格差の助長により各世代での「貧困」問題が表面化している。

　低所得層への医療保障をどのように行っていくかは医療問題の大きな課題のひとつである。医療ソーシャルワーカー業務指針においても業務の範囲のなかで管理者の監督のもと「経済的問題の解決，調査援助」について触れられている。具体的には「入院，入院外を問わず，患者が医療費，生活費に困っている場合に，社会福祉，社会保険等の機関と連携を図りながら，福祉，保険等関係諸制度を活用できるよう援助すること」とされており，医療ソーシャルワーカーが積極的に各機関との連携をとり制度の活用の促進を行うことが期待されている。また別の側面として，医療の進歩とともに先進医療への期待も高まっている。保険制度との兼ね合いのなかで先進医療の取り扱いをどのように行っていくかは，もうひとつの課題といえよう。低所得者層を含む国民全体への医療保障と原則的に混合診療を認めない健康保険制度のなかで，先進的医療と保険制度の組み合わせをどのように行っていくのかなど，日本の医療は複雑な問題に直面している。医療における各局面を解説していきたい。

第15章　経済的問題の解決，調整援助

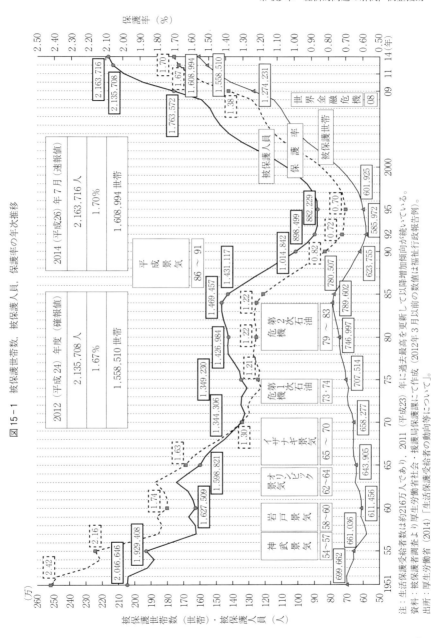

図15－1　被保護世帯数，被保護人員，保護率の年次推移

注：生活保護受給者数は約216万人であり，2011（平成23）年に過去最高を更新して以降増加傾向が続いている。
資料：被保護者調査より厚生労働省社会・援護局保護課にて作成（2012年3月以前の数値は福祉行政報告例）。
出所：厚生労働省（2014）『生活保護受給者の動向等について』。

第Ⅲ部　生活を支える医療ソーシャルワーク実践

1　日本の医療保障制度とその現状

医療扶助

　日本の生活保護制度を概観すると，生活保護受給者数の推移は2011（平成23）年に過去最高となり以降増加傾向を続けている（図15-1）。戦後の保護受給者数は1951（昭和26）年時点で200万人を超えていたが，その後の何回かの景気回復とともに多少の谷を形成しながら1995（平成7）年には88万人と過去最低の保護受給者数となった。バブル崩壊後の景気の低迷と2008（平成20）年の世界金融危機を経て保護率，被保護人員，被保護世帯ともに上昇をみせ現状に至っている。

　生活保護制度のなかで，医療分野の支援となる医療扶助の現状をみていくと2004（平成16）年度と2014（平成26）年7月時点の世帯類型別保護世帯の構成割合は，2004年度では高齢者世帯，母子世帯，傷病・障がい者世帯を除く，その他の世帯の割合が9.4％であるのに対して2014年7月時点では17.7％と約3倍となっており，稼働年齢層の受給割合が顕著に増えている[1]。また2012（平成24）年度のデータで，一般の国保等と生活保護受給者の受診費用の比較では国保等が70歳以上の受診費用が全体の60％を越えるのに対して，生活保護の場合は40歳代以降の稼働年齢層の受診費用が増えている[2]。このことからも生活保護受給者の場合，高齢者世帯だけでなく比較的若い世代も何らかの疾病に罹患していると考えられることから，生活保護における医療扶助の支援は不可欠なものである。

　医療扶助の範囲は生活保護法第15条によると，①診察，②薬剤又は治療材料，③医学的処置，手術及びその他の治療並びに施術，④居宅における療養上の管理及びその療養に伴う世話その他の看護，⑤病院又は診療所への入院及びその療養に伴う世話その他の看護，⑥移送，の範囲内で実施。診療方針と診療報酬については別に定めない限りは国民健康保険の例に準じる。

　一時期，一部の生活保護行政で，申請そのものを拒否するいわゆる「水際作

184

第15章　経済的問題の解決，調整援助

図15-2　無料低額診療事業の受診手続フロー

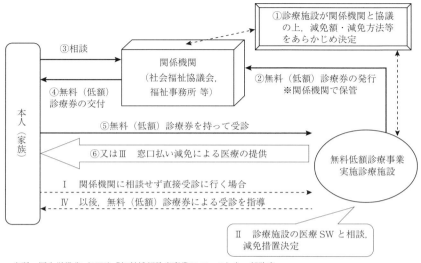

出所：厚生労働省（2008）「無料低額診療事業について」を一部改変。

戦」が問題となった。行政においては適正な運用はもちろんのことだが，必要なサービスを受給するために声を上げられない要支援者のために福祉現場で働く者のアドボカシー機能は非常に重要な役割である。またケースの発見はもちろん，その後の支援に結び付けるために医療スタッフとのコミュニケーションと院内外の関係職種へむけてのコーディネートスキルは不可欠である。

低所得者医療

　健康保険の制度では，医療費の負担について所得による上限金額を設けている（高額療養費制度）。この制度では70歳未満の被保険者には1か月あたり（暦月）5段階の上限金額を設定し低所得層にも配慮している。長期療養者については過去12か月に遡り，4回目以降となる場合は上限金額の減額がなされる。70歳以上の被保険者の場合も現役並み所得者と一般世帯，住民税非課税世帯で各々上限金額を定めている。

　経済的に困っている人が必要な医療を受けるための制度としては，無料低額

185

第Ⅲ部　生活を支える医療ソーシャルワーク実践

診療事業がある（図15-2）。厚生労働省では，この事業の対象者を低所得者，社会的援護を要する要保護者，行旅病人，ホームレス，DV 被害者，人身取引被害者，オーバーステイを含む外国人などとしている。[3]この制度を実施できる医療機関には条件があり，「生活保護法による保護を受けている者及び無料又は診療費の10％以上の減免を受けた者の延数が取扱患者の総延数の10％以上であること」「医療上，生活上の相談に応ずるために医療ソーシャル・ワーカーを置き，かつ，そのために必要な施設を備えること」等定められている。利用方法としては当該実施機関が「無料診療券」「低額診療券」を発行，地域の社会福祉協議会等にて上記の診療券の保管を行い，受診が必要となった際に対象者に交付し診療費の減免を行う。また直接，当該医療機関への相談があった場合には医療ソーシャルワーカー（MSW）が対応する。

　現物給付によらない支援では，市区町村社会福祉協議会の行う生活福祉資金貸付制度がある。財源は国と都道府県からの補助金で賄われており，支援の対象は低所得者世帯，身体障害者手帳・療育手帳・精神保健福祉手帳の交付を受けている者が属する世帯，65歳以上の高齢者の属する世帯となる。貸付制度であるため低金利の利子がつくが自立支援を行ううえでは重要な事業である。

　上記したように低所得者の医療給付を行うための制度は，必ずしもすべての低所得者を救済するというところまで充実しているとはいい難いが，医療現場ではこのような制度を知らずに，診療からドロップアウトしてしまう患者も少なくない。MSW の存在を患者・家族に知ってもらうことが次の支援につながることを念頭に，相談室の広報活動なども日頃より心がけるべきである。

医療保障

　日本の医療保障制度のなかでその基盤である健康保険について法的な整備を行ったのは，1922（大正11）年の「健康保険法」の制定に始まる。対象となる事業所については工場法・工業法の適用事業者であり，現在のような国民皆保険のかたちをなしていなかった。

　給付においても労働者本人に対してのみで限定的なものであった。またこの

第15章 経済的問題の解決，調整援助

時代に組合健康保険のほか，政府管掌健康保険，公務員に対しては共済組合の健康保険のかたちができた。国民健康保険法（旧法）は設立直後の厚生省（当時）が農村部の医療負担軽減を目的に制定したが，1955（昭和30）年代までの健康保険加入率は非常に低いもので，農村部の負担軽減を果たすとはいい難い状況であった。1958（昭和33）年に全国の市町村に国民健康保険運用の実施が義務付けされ，1961（昭和36）年にはすべての市町村にて国民健康保険の実施がなされ，現在の皆保険制度の実現をみた。

医療保険制度が日本の医療保障の基礎をなしているが，その一方で医療保険制度が個人の責任において加入していくものであることに対して国，地方公共団体等が社会の責任として医療保障を行うものがある。いわゆる公費負担医療と呼ばれる制度であり，現在日本には難病対策である特定医療費制度，小児慢性特定疾患制度，原爆被爆者のための医療制度である原爆一般医療，身体障がい者の障がいの軽減をめざす更生医療などがある。それぞれの公費負担医療でその自己負担額，公費の負担率も違っているがそれぞれに難病の治療，研究に対しての意味合いや戦争被害に対しての国家補償的意味合い，また身体障がい者への福祉的色彩をもつものなど，それぞれに医療保障を社会で支援している。

日本の医療保障は健康保険への全加入を前提に運用され，そこから国，地方自治体などの公費で社会的支援を行う場合もある。基準額を下回る低所得者などの医療に対しては，公費負担医療のひとつである生活保護制度の医療扶助があり，セーフティネットとして機能している。

医療現場で相談を受けるものとして，健康保険制度とそれをベースに広がる公費負担制度の知識は制度をコーディネートしていく意味でも不可欠である。今後，健康保険の制度は今まで以上に財源等の問題もあり，複雑化する可能性もあるが重要な点であるため理解を深める必要がある。

所得保障

一般的に日常生活を営むうえで「労働」があり，その「対価」として金銭を受け取り生活の糧としている。そういった日常のなかで「労働」ができなくな

187

表15-1 公的医療保険の給付内容

(2016年4月現在)

給付		国民健康保険・後期高齢者医療制度	健康保険・共済制度
医療給付	療養の給付 訪問看護療養費	義務教育就学前：8割、義務教育就学後から70歳未満：7割、70歳以上75歳未満：8割1)（現役並み所得者：7割）、75歳以上：9割（現役並み所得者：7割）	義務教育就学前から70歳未満：7割、70歳以上（現役並み所得者（年145万円）以上の課税所得を有する者）：7割
	入院時食事療養費	食事療養標準負担額：一食につき260円	低所得者：一食につき210円 特に所得の低い低所得者（70歳以上）：一食につき160円 一食につき100円
	入院時生活療養費（65歳〜）	生活療養標準負担額：一食につき460円（＊）+320円（居住費） （＊）入院時生活療養（II）を算定する保険医療機関は420円	生活療養標準負担額：一食につき460円（＊）+320円（居住費） 低所得者：一食につき210円（食費）+320円（居住費） 特に所得の低い低所得者：一食につき130円（食費）+320円（居住費） 老齢福祉年金受給者（70歳以上）：一食につき0円+0円（居住費） 注：難病等の患者の負担は食事療養標準負担額と同額
	高額療養費（自己負担限度額）	70歳未満の者（括弧内の額は、4ヶ月目以降該当した場合。） 〈年収約1,160万円〜〉252,600円+（医療費-842,000）×1%（140,100円） 〈年収約770万円〜約1,160万円〉167,400円+（医療費-558,000）×1%（93,000円） 〈年収約370万円〜約770万円〉80,100円+（医療費-267,000）×1%（44,400円） 〈〜年収約370万円〉57,600円（44,400円） 〈住民税非課税〉35,400円（24,600円）	70歳以上の者 入院 〈現役並み所得者〉80,100円+（医療費-267,000）×1%（44,400円） 〈一般〉44,400円 〈低所得者〉24,600円 〈低所得者のうち特に所得の低い者〉15,000円 外来【個人ごと】 〈現役並み所得者〉44,400円 〈一般〉12,000円 〈低所得者〉8,000円 〈低所得者のうち特に所得の低い者〉8,000円
現金給付	出産育児一時金2)	被保険者又はその被扶養者が出産した場合。原則42万円を支給。国民健康保険は、条例又は規約の定めるところによる（多くの保険者で原則42万円）。	
	埋葬料3)	被保険者又はその被扶養者が死亡した場合。条例又は規約の定める額を支給。後期高齢者医療制度においては、条例又は規約の定める額を支給。 任意給付 （実施している市町村。後期高齢者医療広域連合について。）	被保険者又はその被扶養者が死亡した場合、健康保険・共済組合においては埋葬料を定額5万円を支給。また、国民健康保険、後期高齢者医療広域連合で実施。1〜5万円を支給。
	傷病手当金		被保険者が業務外の事由による療養のための労務不能となった場合、標準報酬日額の3分の2相当額を支給。その期間中、最長で1年6ヶ月。1日につき標準報酬日額の3分の2相当額を支給。
	出産手当金		被保険者本人の産休中（出産日以前42日から出産後56日まで）の間、1日につき標準報酬日額の3分の2相当額を支給

注：1) 平成20年4月から70歳以上75歳未満の窓口負担は1割に据え置かれていたが、平成26年4月以降新たに70歳になる被保険者等から段階的に2割となる。
　　2) 後期高齢者医療制度では出産育児一時金の給付がない。また、健康保険の被扶養者については、家族出産育児一時金の名称で給付される。共済制度では、家族出産育児一時金の名称で給付する。
　　　出産費、家族出産費の名称で給付。
　　3) 厚生労働省。被扶養者については、家族埋葬料の名称で給付。国民健康保険、後期高齢者医療では葬祭費の名称で給付。
出所：厚生労働省「我が国の医療保険について」。

第15章　経済的問題の解決，調整援助

り「対価」を受け取れなくなるリスクに備える保障が所得保障の制度である。

　公的年金は加入条件により国民年金，厚生年金，共済年金に分けられる。ま
た年金支給の事由は，老齢，障がい，生計中心者の死亡，といったリスクがあ
げられる。各リスクに対応しているものが「老齢年金」「障害年金」「遺族年
金」である。このなかで「病気」や「ケガ」といったことが原因で一定の障が
いを負い，定められた条件に合致すれば支給されるものが「障害年金」である。
障害年金の支給を受けるための要件は3つである。①加入要件（年金制度に加
入中に初診日がある必要があり，また年齢も65歳未満であることが要件となる），②保
険料の納付要件（医療機関での初診日の前日において，初診日の属する月の前々日ま
でに保険料の滞納の期間が被保険者期間の3分の1を超えてはならない），③障害状態
の要件（障害を認定する時期（障害認定日：初診から1年6か月経過後または障害固定
した日）において1，2級状態（国民年金障害等級表）または3級（厚生年金障害等級
表）に該当していること），以上の要件が申請時には重要となる。

　表15-1のように健康保険法からも労務不能の状態となった一定期間の所得
保障制度がある。現金給付としては「傷病手当金」は病気やケガのために労務
不能の状態で連続3日以上仕事を休んでいる場合で，給与の支払いがないとき
に4日目から支給となる。支給期間は受給開始から1年6か月となる。病気や
ケガではないが健康保険加入者が出産する場合も「出産手当金」として支給が
ある。出産予定日前42日目から出産後の翌日から56日までの範囲内で仕事を休
んだ期間で受給できる。仮に仕事を休んだ期間にも給与が支払われた場合に，
出産手当金よりもその額が低い場合はその差額が支給となる。

　また医療給付については高額医療費制度・入院時食事医療費などにおいて自
己負担限度額を所得により上限を変えるなどして負担の軽減を図っている。

混合診療

　混合診療とは健康保険で認められている保険診療と，保険で認められていな
い自由診療を併用した診療のことをいう。

　日本では原則的には混合診療は禁止されている。その根拠となっているもの

189

第Ⅲ部　生活を支える医療ソーシャルワーク実践

図15-3　保険外併用療養費制度について

保険診療との併用が認められている療養

① 評価療養……保険導入のための評価を行うもの
② 選定療養……保険導入を前提としないもの

保険外併用療養費の仕組み
［先進医療の場合］

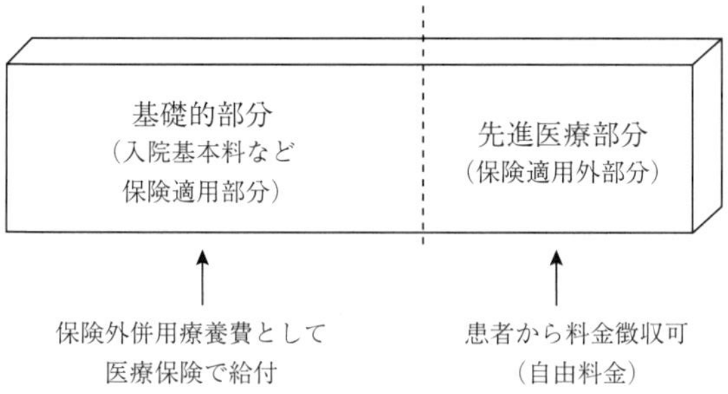

基礎的部分
（入院基本料など）
保険適用部分

先進医療部分
（保険適用外部分）
（自由料金）

患者から料金徴収可

保険外併用療養費として
医療保険で給付

※保険外併用療養費においては、患者から料金徴収する際の
要件（料金の掲示等）を明確に定めている。

○ 評価療養
・先進医療（先進A：60技術、先進B：48技術 平成27年4月時点）
・医薬品、医療機器、再生医療等製品の治験に係る診療
・薬事承認後で保険収載前の医薬品、医療機器、再生医療等製品の使用
・薬価基準収載医薬品の適応外使用
（用法・用量・効能・効果の一部変更の承認申請がなされたもの）
・保険適用医療機器、再生医療等製品の適応外使用
（使用目的・効能・効果等の一部変更の承認申請がなされたもの）

○ 選定療養
・特別の療養環境（差額ベッド）
・歯科の金合金等
・金属床総義歯
・予約診療
・時間外診療
・大病院の初診
・大病院の再診
・小児う蝕の指導管理
・180日以上の入院
・制限回数を超える医療行為

注：2006（平成18）年の法改正により創設（特定療養費制度から範囲拡大）。
出所：厚生労働省「保険外併用療養費制度について」（http://www.mhlw.go.jp/file/06-Seisakujouhou-12400000-Hokenkyoku/0000118805.pdf、2017.
9.18）。

第15章　経済的問題の解決，調整援助

が「保険医療機関及び保険医療養担当規則（省令）」（特殊療養等の禁止）である。この第18条では「保険医は，特殊な療法又は新しい療法等については，厚生労働大臣の定めるもののほか行つてはならない」としている。一般的に保険診療と保険外診療を組み合わせた場合は，医療そのものが一連の行為であるという考えから保険診療，保険外診療を切り離して考えることはせず，その診療行為全般を自費診療としていることから，その結果として患者負担が大きくなる。

　ただし現行制度のなかで「評価療養」と「選定療養」，「患者申出療養」があり，この場合は，保険外併用療養費として例外的に扱われる（図15-3）。

　「評価療養」とは将来的に保険診療への導入を行うために，その評価を行うことが前提となる。評価療養の対象となるものは，先進医療（高度医療を含む），医薬品の治験に係る診療，医療機器の治験に係る診療など7種類である。先進医療については先進医療会議において施設基準等を満たす必要があり，実際には限られた医療機関での実施となる。

　「選定療養」については被保険者が選定するという意味で行われる療養である。これも内容は厚生労働大臣が定めるものが対象となっている。「評価療養」とは違い，保険診療となることを前提としていない。差額ベッド（希望して個室等の健康保健対象外の部屋に入院した場合にかかる費用），歯科の金合金等，大病院の初診などがこれにあたる。

　2016（平成28）年4月に始まった「患者申出療養」については国内で未承認となっている高度な医療技術を保険との併用で受けようとする患者からの相談にもとづき，初めて医療を受ける場合には臨床中核病院において資料を作成し，国へ申請する。また患者申出療養として前例がある場合は，患者の相談を受けたかかりつけ医が協力医療機関として資料作成を行い，既に実施している臨床中核病院にて審査を行い，新たな協力医療機関が患者申出療養を実施することとなる。

　医療技術は日進月歩であり，革新的な治療を受けることが患者・家族の望みとなるケースはたびたびある。ただし，希望すればすべての患者が治療を受けることができるわけではなく，病状的にその治療を受けることが適当か，実際

191

第Ⅲ部　生活を支える医療ソーシャルワーク実践

にかかる費用の問題などさまざまな条件が付くことも少なくない。そういった
ケースに必要なことは担当する医師，スタッフとともに患者・家族に適切な情
報提供を行うことである。そのことが最適な治療選択に結び付くことを認識す
べきである。

2　医療ソーシャルワーカーの具体的支援について

事　例

　A氏は45歳の男性で，妻（44歳）と子ども2人（長男：高校3年生，長女：中学
3年生）との4人暮らし。4年前より便が細くなる，便秘が続くなどの症状が
続いていた。その後，職場の健診で便潜血検査を受けた結果，要精密検査が必
要であるとの結果が出たため，2次検査の大腸ファイバーの検査を受け，大腸
がんの診断を受けた。その後，大腸がんの手術を受け，人工肛門造設を行った。
ストーマの状態については良好であり，この時点で「ぼうこう又は直腸機能障
害認定基準　等級4」に該当しソーシャルワーカーは申請手続きを進めた。ま
た申請を行うことでストーマ用装具の購入の利用につなげた。またこの期間，
本人は有給休暇がとれない状況であり，一時的に定期的な収入が途切れること
となった。患者本人より，収入減が生活を脅かしていることの相談を受けた
ソーシャルワーカーは，主治医と本人の病状の確認とそのなかで利用できる制
度，サービスの検討を行った。本人の健康保険は被用者保険の本人であり，健
康保険法の傷病手当金申請にむけて調整を行った。2か月間の傷病手当の受給
後本人は業務にも復活し，ストーマの交換を自力で行いながら社会復帰した。
またソーシャルワーカーより本人に対しては，今後の所得保障の目的もあり障
害年金申請の検討を半年後に行うことを情報提供した（2015（平成27）年6月1
日より人工肛門，尿路変更を行った場合の障害認定時期について，これらの状態になっ
てから6か月を経過した日として見直された）。

　その後A氏は仕事をしながら手術後の経過（主にがんの転移の有無のチェック）
観察を行っている。

医療ソーシャルワーカーの役割

先のような事例に対して病状の経過に伴い，医療ソーシャルワーカーには本人の状況を客観的に把握し適切な支援を行っていくことが求められる。

また，患者の心理的な不安を受けとめ，支援を行う過程で患者の残された機能，強みに目を向け，引き出していくことも，大切な役割である。

注

(1) 厚生労働省（2014）「生活保護受給者の動向等について」4。
(2) 厚生労働省（2014）「生活保護受給者の動向等について」9。
(3) 社会福祉法第2条第3項に規定する生計困難者のために無料又は低額な料金で診療を行う事業について（平成13年7月23日　社援発第1276号　厚生労働省社会・援護局長。
(4) パナソニック健康保険組合「もっと知りたい『健康保険』のこと，公費負担（医療費助成制度）について」(http://phio.panasonic.co.jp/hoken/shikumi/kyufu/kouhi.htm，2016.12.20)。

参考文献

医療福祉相談研究会編（1988）『医療福祉相談ガイド』中央法規出版。

岩淵豊（2013）『日本の医療政策——成り立ちと仕組みを学ぶ』中央法規出版。

厚生労働省「平成28年4月患者申出療養制度がスタート」(http://www.mhlw.go.jp/file/06-Seisakujouhou-12400000-Hokenkyoku/0000118832.pdf，2016.12.21)。

NPO法人日本医療ソーシャルワーク研究会・村上須賀子・佐々木哲二郎・奥村晴彦（2015）『医療福祉総合ガイドブック2015年度版』医学書院。

障害者福祉・支援制度研究会編（2004）『Q&A　障害者福祉・支援の手引き2』新日本法規。

東京ソーシャルワーク編（2015）『How to 生活保護　生活保護法改訂対応版——申請利用の徹底ガイド（2015-16年版）』現代書館。

全国精神障害者家族会連合会年金問題研究会（2004）『障害年金の請求の仕方と解説——精神障害者・知的障害者のために』中央法規出版。

第Ⅲ部　生活を支える医療ソーシャルワーク実践

読者のための参考図書

杉村宏・岡部卓・布川日佐史編（2008）『よくわかる公的扶助』ミネルヴァ書房。
　　——補完的意味合いをもつ公的扶助制度について制度の特性を他の社会保障制度との関連性をもたせながら学ぶことができる。

菊池眞（2013）『ぜんぶわかる最先端医療』成美堂出版。
　　——厚生労働省が認めている先進医療を中心に掲載した図解書。先進医療の治療内容のイメージをもつには非常にわかりやすい。

二木立（2015）『地域包括ケアと地域医療連携』勁草書房。
　　——混合診療における2000年以降の国内議論をわかりやすくまとめてあり，筆者の医療施策の見通しも述べられている。読み手にも一緒に考えてもらう意味でも有用である。

第16章

地域活動

　わが国の保健・医療・福祉の制度は時代とともに各種の施策を展開し，その制度間の調整を進めるとともに，保健・医療・福祉の連携を強調してきた。医療については，数度にわたる医療法改正，医療保険制度改正，地域保健法・介護保険制度の創設等によって保健医療サービスは大きく変化している。特徴として，これまでの「病院完結型」から「地域完結型」に移行しているのであるが，そのキーワードとなる「地域」には，新たな医療システムの構築だけでなく，介護やさまざまなサービス，住宅が整っていることが条件である。

　ここでは，連携・協働の理解とともに，近年の「地域包括ケアシステム」構築の場面における連携・協働の必要性とソーシャルワーカー支援のあり方について学ぶ。

1　地域機関との連携

保健・医療・福祉

　2025年には，65歳以上人口が3600万人（全人口の30%）を超え，日本は超高齢化社会を迎える。慢性疾患を抱えながら長期ケアを必要とする人口が増大することを意味し，今日の社会保障費の増大に対する制度的改革が常に求められてきた。社会保障制度改革の医療と介護の一体改革は，「医療から介護へ」「病院・施設から地域在宅へ」という流れが進められており，医療の目的はこれまでの治療医学から，「健康増進 – 予防 – 治療 – リハビリテーション – 介護 – 看

第Ⅲ部　生活を支える医療ソーシャルワーク実践

取り」までを含むヘルスケアとして変容してきた。また，福祉政策も施設から地域へ，措置から契約へと変化し，地域で必要とされるサービスの多様化，その対象も拡大している。

　保健・医療・福祉は，もともと別のサービス提供システムであり，ベースとなる学問も異なっているが，相互のサービスが展開される共通基盤の「地域」のなかにおいては，保健・医療・福祉の垣根は低くなってきたといえる。多様なニーズが求められる地域のなかでは，保健・医療・福祉が一体となってサービスを提供し，その体制がバランスのとれたものへと作り上げていかなければならない。

　今後，保健医療分野で実践するソーシャルワーカーは日々の実践者としての支援を重ねながら，組織，地域に対して関心を広げ，地域福祉のソーシャルワークへとつなぐ役割を担っており，相互に良好な連携関係を築きつつ，協働していくことが求められている。

病病連携・病診連携

　病院同士が連携をとるしくみを「病病連携」という。そのしくみは，各医療機関の機能を「高度急性期機能」「急性期機能」「回復期機能」「慢性期機能」に分類し，患者の必要な医療ニーズに応じて転院していくことであり，ひとつの病院の入院機能だけで治療が終了するのではなく，別の機能を有する病院へ転院するしくみである（第2章第2節，第4章参照）（表16-1）。

　このシステムが必要となった背景は，高齢化によりますます増大する医療の需要に対応するためである。医療機関の機能と役割に応じて患者の医療の緊急度と難治度をふるい分け，総医療費を抑制することにある。

　また，病診連携とは，病院の病と，診療所の診で「病診連携」という。患者は近くの診療所の医師をかかりつけ医として健康の相談や与薬を受け，病状が変化したり，詳しい検査が必要なときに，その患者に適した医療機関の紹介を受けられるしくみである。病診連携の目的は，専門医や医療設備が充実した病院と地域の診療所が，機能を分担しながら互いに連携して効果的・効率的な地

第16章　地域活動

表16-1　4つの医療機能

医療機能の名称	医療機能の内容
高度急性期機能	• 急性期の患者に対し，状態の早期安定化に向けて，診療密度が特に高い医療を提供する機能。
急性期機能	• 急性期の患者に対し，状態の早期安定化に向けて，医療を提供する機能。
回復期機能	• 急性期を経過した患者への在宅復帰に向けた医療やリハビリテーションを提供する機能。 • 特に，急性期を経過した脳血管疾患や大腿骨頸部骨折等の患者に対し，ADL の向上や在宅復帰を目的としたリハビリテーションを集中的に提供する機能（回復期リハビリテーション機能）。
慢性期機能	• 長期にわたり療養が必要な患者を入院させる機能。 • 長期にわたり療養が必要な重度の障害者（重度の意識障害者を含む），筋ジストロフィー患者又は難病患者等を入院させる機能。

出所：厚生労働省（2015）「病床機能報告　報告マニュアル」。

域医療の実現をめざすものとされている。

2　地域の組織化とソーシャルアクション

ソーシャルアクション

　ソーシャルアクションとは，社会的に弱い立場にある人の権利擁護を主体に，住民や当事者のニーズに応えて，既存の社会福祉制度やサービスの維持・改善・拡充，新たなサービスの創設などを求めて国や地方自治体・各種団体に働きかける方法である。

　保健医療領域のソーシャルワークでは，傷病をきっかけに生じる生活課題に対して解決を図ることが主要な業務である。すでに述べたように，近年特に「地域」を基盤に保健医療サービスが展開されていくなか，そこで発生する医療ニーズの高い生活課題や問題等に現場でいち早く気づき，支援を行うのが保健医療領域のソーシャルワーカーである。そのような問題の実態を明らかにするためには，社会福祉調査によるデータをもとに正しい実態把握と，その当事者らと手を携えて，協働して支持を得ながら，改善の要求を行政機関や国へ働きかける。その際に，医療ソーシャルワーカーが保健医療領域の社会問題に

197

第Ⅲ部　生活を支える医療ソーシャルワーク実践

「介入」することの意味と根拠，そしてその効果を積極的に立証していくことが必要である。

ミクロ・メゾ・マクロのソーシャルワーク

ソーシャルアクションは，社会福祉調査法，社会福祉計画，社会福祉施設管理運営や福祉政策形成とともにマクロソーシャルワークに含まれる。もし，患者が必要とする患者会組織や地域ボランティアがない場合，「ないことを説明し納得させる」ことに技術を用いてはならない。

その場合，患者の抱える問題を面接や小集団でとらえた課題（ミクロレベル）から，地域の課題（メゾレベル）へ，そして，社会の課題（マクロレベル）として展開する。たとえば，行政へ請求した者だけが行政健診を受診できる場合，情報不足や障がい・高齢等により請求できない者の存在を申し入れ，希望者全員が受診できるようにアクションを行った場合，結果として，早期発見・治療につながり，患者の心身，経済の負担は軽減され，行政の医療費抑制にもつながるのである。

地域組織化

地域組織化を形態別に分けると，①住民運動として，住民の身近な生活問題への行動として起こされる住民組織型，②福祉問題を共有する人たちの組織化や権利要求の行動として起こされる当事者組織型，③保健・医療・福祉のネットワークづくりなどの専門家組織型，④地域福祉計画の作成による行政・保健・医療・福祉の連携を図る統合組織型などがあげられる。

ここでは，保健医療分野の地域組織化を考えるとき「医療ソーシャルワーカー業務指針」業務の範囲のなかに示されている「地域活動」を参考に，医療ソーシャルワーカーが病院内にとどまらず，地域に活動を広げていることを確認したい。以下に，該当箇所を抜粋する。

第16章　地域活動

地域活動

　患者のニーズに合致したサービスが地域において提供されるよう，関係機関，関係職種等と連携し，地域の保健医療福祉システムづくりに次のような参画を行う。

① 　他の保健医療機関，保健所，市町村等と連携して地域の患者会，家族会等を育成，支援すること。

② 　他の保健医療機関，福祉関係機関等と連携し，保健・医療・福祉に係る地域のボランティアを育成，支援すること。

③ 　地域ケア会議等を通じて保健医療の場から患者の在宅ケアを支援し，地域ケアシステムづくりへ参画するなど，地域におけるネットワークづくりに貢献すること。

④ 　関係機関，関係職種等と連携し，高齢者，精神障害者等の在宅ケアや社会復帰について地域の理解を求め，普及を進めること。[2]

　保健医療分野で働くソーシャルワーカーは，実践現場で発生する課題をもとに，組織や地域，制度や行政へ介入する間接的支援を展開することが求められている。業務指針の地域活動で示されているように，たとえば，①は透析患者や精神障がい者などの権利擁護を支援として，患者会や家族会，断酒会等を指導・育成・継続すること。②は保健・医療に係る地域のボランティアを指導・育成すること。③はボランティア団体等のネットワークづくりや患者家族を含む住民が住みやすい地域をつくるために地域ケア会議等の地域ケアシステムづくりに参画すること。④は保健・医療・福祉等の関係機関と連携し，高齢者や精神障害者等の在宅ケアや社会復帰について地域に理解と普及を行うこと，とある。これらの実現のためには，地域のなかでさまざまな垣根を越えた連携・調整を実践するソーシャルワーカーの専門性が期待されている。

地域包括ケアシステム

　地域包括ケアシステム（地域を基盤とした包括的ケアの供給体制）とは，住み慣

199

第Ⅲ部　生活を支える医療ソーシャルワーク実践

図16-1　地域包括ケアにおける医療ソーシャルワーカーの働き

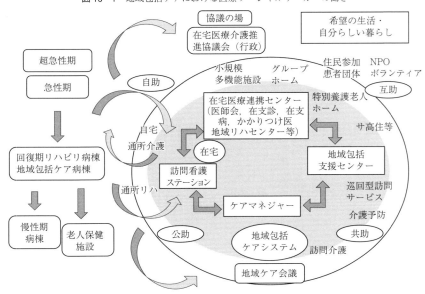

出所：日本医療社会福祉士協会（2016）「地域ケアにおける医療ソーシャルワーカーの働き」「業務説明イメージ図」（http://www.jaswhs.or.jp/images/allofyou/02_l.jpg，2017.1.4）を一部改変。

れた地域のなかで医療だけが提供されるのではなく，「住まい・医療・介護・予防・生活支援」が一体的に提供される体制をいい，地域の特性に応じて構築される必要がある。

　2013（平成25）年8月「社会保障制度改革国民会議　報告書」のなかで，医療・介護分野では，「必要とされる医療の内容は，『病院完結型』から，地域全体で治し，支える『地域完結型』に変わらざるを得ない」とあり，病床機能分化により早期の家庭・社会復帰の実現とそれを支える「地域包括ケアシステムの構築」の必要性が示された。医療機関はこれまでのような治療医学だけでなく，地域を視野にいれた多様な対応が求められ，統合された保健・医療・福祉サービスの展開のなかにおける連携・協働が必要である。

　医療機関から地域へ，その地域で「クライエントが望む，自分らしい生活」を実現するために，地域が一体となって多様なニーズに対応した多職種連携が

第 16 章　地域活動

望まれる。医療機関から効果的に地域の社会資源につないでいく役割は，保健
医療分野のソーシャルワーカーの本来業務のひとつである。そして，病院内の
地域包括ケアシステムを担う一社会資源として地域から認められるように結び
付け，地域住民も所属組織自体もお互いに利用しやすいような関係づくりを行
う。そのためには，保健医療の現場に医療ソーシャルワーカーが働きかけて福
祉の視点を入れていくこと，地域ケア会議やカンファレンス等に参加する地域
活動を行い，新たなネットワークづくりやシステムを開発していくなど，その
活躍は期待されている（図16-1）。

　地域包括ケアシステムの詳細は第17章で，地域ケアに伴う多職種連携は第4
章で述べている。地域包括ケアシステムについては，医療費のコストパフォー
マンス（効率性），認知症等の生活習慣病治療を診察室だけでなく，家庭・地域
で行う方法への移行としてとらえる等，多角的視点で客観的に観る態度も保健
医療分野のソーシャルワーカーには求められる。

事例――脳梗塞による左片麻痺

　クライエント（80歳，女性）は，脳梗塞を発症し左片麻痺が残っている。自
宅では83歳の認知症の夫と長男夫婦（56歳，55歳）と4人暮らし。今までは，
公的サービスを利用せず家族と一緒に夫の世話をしてきた。今回，クライエン
トが脳梗塞を発症し急性期病院へ入院。引き続きリハビリテーション目的に回
復期病院へ転院。左片麻痺が残り在宅介護が必要な状況であることを心配した
長男夫婦が回復期病院の医療ソーシャルワーカーに相談。自宅に帰りたいと希
望する本人のニーズと家族の不安に対し医療ソーシャルワーカーは相談を開始
した。

①　支援経過
•　ニーズ把握
あらためて長男夫婦と面接。

　長男は認知症の夫（父親）の世話に加え，クライエント（母親）が自宅に
帰ってくると介護負担が増えることを心配し，施設入所も含めて介護サービス

第Ⅲ部　生活を支える医療ソーシャルワーク実践

利用を希望していた。嫁はクライエント（母親）が自宅退院を希望していることから，できるだけ自宅に帰してあげたいと考えていた。

　クライエントの夫は体に不自由は少なく日常生活はおおむね自立しているが，内服の飲み間違い，夜中に徘徊がみられることもあり，家族のサポートが欠かせない。

　クライエントは転院当初から，リハビリテーションに積極的に取り組み「自宅に帰る，杖で歩けるようになる」と目標を立て努力している。急性期病院からの脳卒中地域連携パス⁽⁴⁾によると，回復の見込みは身辺自立はある程度可能だが左上下肢の麻痺は残存する。本人が希望する在宅生活は，長期目標としてゴール設定をする必要があるだろうとあった。

- 支援目標の設定

　まずは，介護を担う長男夫婦に退院後の生活について一緒にイメージができるよう面接を組んだ。

　長男夫婦と一緒に，夫の認知症の介護内容を再度確認。夜間の徘徊の負担がなにより大きいことを再度確認した。医療ソーシャルワーカーは，認知症の専門医へ受診をすすめ，適切な治療による症状改善や進行予防を期待。また，介護保険申請を行い介護サービス利用を提案した。長男夫婦も，両親の介護へ向き合うためには，認知症のケアや対応方法などを教えてもらうことも必要であることを理解し，地域で開催される介護教室への参加を希望した。

　次に，病棟で定期的に開催されるケースカンファレンスで，主治医，看護師，リハビリスタッフ，医療ソーシャルワーカーがそれぞれの目標や課題について話し合い，クライエントの退院後の生活再構築のための共通した退院支援方針を決定した。

- 杖歩行は可能，家屋環境が整えば屋内の自立歩行が望める。
- 入浴や階段昇降は必ず介助が必要。
- ADL 維持のためには，リハビリテーション継続が欠かせない。
- 長男夫婦の介護不安については，介護負担軽減の検討が必要。

　そこで，介護保険を申請し，手すり設置や介護サービス利用を検討し，自宅

退院に向けた退院計画をすすめることになった。

- 支援展開

クライエントの夫は，介護保険の要介護1がおりたため，担当するケアマネジャー，長男夫婦も話し合いを重ね，介護負担の軽減目的にてショートステイを試してみることや，認知症対応型のデイサービスを利用し，介護方法についてアドバイスをもらえることも約束できている。長男夫婦は，クライエントが帰ってくるまでの間に，認知症や介護方法について勉強しようという姿勢がみられるようになった。

その後，クライエントの介護保険は要介護2と結果がおり，夫と同じケアマネジャーに担当してもらうことになる。退院前に家屋環境を整えるため，担当理学療法士と医療ソーシャルワーカー，本人，長男夫婦，ケアマネジャーと一緒に訪問調査を実施。手すりが必要な箇所や段差による危険な場所を指摘し，改造方法などを話し合った。また，介護に不慣れな家族へ，具体的な介護方法を指導し，退院までに必要な準備や練習を確認することができた。

クライエントは，家屋調査の後からますます自宅退院への期待を膨らませている様子であったが，同時に長男夫婦に負担をかけてしまうことを気にするようになった。医療ソーシャルワーカーは本人へ介護保険サービスを利用できることを説明し，家族と一緒に生活内容を考えることを提案。家族とクライエントと医療ソーシャルワーカーも適宜同席し何度も話し合い，ケアマネジャーへ相談した。退院後は，リハビリテーションが継続できるデイケアへ通いADL維持を図れること，入浴の世話も家族に負担がかからないことが理解できたクライエントはやっと安心して帰れると喜んでいた。

退院前には，退院前カンファレンスを院内で開催。本人，夫，長男夫婦，ケアマネジャー，デイケアスタッフ，医療ソーシャルワーカーなどの院内スタッフが参加。申し送りを行い，これまでの病状回復の過程と今後の予後，クライエントの心境や家族の受け入れまでの準備を伝えた。ケアマネジャーは，今後の生活の目標やサービス内容について全員の希望が確認できたこと，連携パスを使った申し送りを受けたことで，病状や生活で留意すること等も確認できた。

第Ⅲ部　生活を支える医療ソーシャルワーク実践

本人家族も自宅退院が目前になり，病院と在宅ケアスタッフが話し合うカンファレンスを体験し大変安心し笑顔がみられた。

②　退院後の支援と地域活動

クライエントが退院して3か月後，ケアマネジャーからサービス担当者会議[5]への参加の打診があった。クライエントは順調に生活を開始することができていたが，この3週間デイケアでふさぎ込んでいる様子だという。ケアマネジャーが長男夫婦やデイケアスタッフと話し合いをもったところ，自宅でトイレが間に合わず失敗してしまったことを気にしている。デイケアに通ってリハビリテーションを続けても良くならないと話しているという。

院内で参加メンバーを検討。医療ソーシャルワーカーと担当理学療法士が参加した。会議にはクライエントの関係者だけでなく，夫のサービス関係者も参加していた。そこには民生委員も出席していたため，院内だけでは把握できなかった情報もあり，クライエントの家族が地域でどのように暮らしていたか，支えられているかが十分理解できる会議だった。そのうえで，病院で担当した理学療法士としてアドバイスできるクライエントの現状に合わせたリハビリメニューと自宅環境の再評価の必要性をケアマネジャーへ提案。また，医療ソーシャルワーカーは，主治医へ会議の内容を報告し，次回受診時に病状評価とサービス内容へアドバイスをもらえるように調整することを約束した。

その後，ケアマネジャーを中心にクライエントの自宅での動きの再確認した結果，手すりの追加，家具の配置変更，尿パットの利用にて安心した生活を確保。また，会議と外来受診時の主治医からの説明で「維持期リハビリテーション」を理解できたクライエントは再び積極的にデイケアへ参加し，安定した生活を再開することができた。

この会議のあと，病院と地域との関わりに新しい動きが起きた。会議に参加していた民生委員の働きかけで，地域で開催されている「介護予防の勉強会」に病院の理学療法士が招かれ講師として運動を指導することになった。また，医療ソーシャルワーカーは，この事例で学んだ「地域が支える力」と「医療専門職が地域でできること」について，担当ケアマネジャーと学びを深めていく

第16章 地域活動

場を作り，関心のある近隣の医療福祉関係者と一緒に勉強会を開催している。

注

(1) 国立社会保障・人口問題研究所（2007）「日本の将来推計人口（平成18年12月推計）」厚生統計協会。

(2) 厚生労働省（2002）「医療ソーシャルワーカー業務指針（平成14年11月）」。

(3) 社会保障制度改革国民会議（2013）『社会保障制度改革国民会議　報告書──確かな社会保障を将来世代に伝えるための道筋』。

(4) 地域で医療・介護に関わる人々がそれぞれの役割分担を行い，お互いに情報共有することにより，今後の診療の目標や注意点を明確にし，チームで支えていくための仕組み。ここでは，医師や看護師やリハビリスタッフなどの他職種の情報や診療計画書を転院先にスムーズに引き継ぐことができた。

(5) ケアプラン原案を作成し，サービス調整を行った後，サービス担当者を集めてケアプランの内容を検討する会議。

参考文献

岩間伸之・原田正樹（2012）『地域福祉援助をつかむ』有斐閣。

厚生労働省（2013）「病床機能情報の報告・提供の具体的なあり方に関する検討会」。

日本医療社会事業協会編（2006）『保健医療ソーシャルワーク原論』相川書房。

日本医療社会福祉協会（2013）「医療ソーシャルワーカー業務指針」日本医療社会福祉協会。

高橋紘士・武藤正樹（2013）『地域連携論──医療・看護・介護・福祉の協働と包括的支援』オーム社。

読者のための参考図書

社団法人日本社会福祉士会・社団法人日本医療社会事業協会編（2009）『保健医療ソーシャルワーク実践１・２・３』中央法規出版。

　──保健医療分野で相談業務等を担っているソーシャルワーカーが自身の実践力を向上させ，スキルアップを図るための全３巻。

205

第17章

医療ソーシャルワークの将来

　超高齢化，格差と貧困，社会的な孤立化が進むなかで医療ソーシャルワーカーが担う役割は増大しつつある。要介護高齢者の退院支援のみならず，貧困問題に伴う生活困窮，労働人口の減少に伴う外国人労働者，家族機能の低下に伴う離婚や虐待，こうした現代社会が抱える社会問題は，健康を害するかたちで顕在化する。医療ソーシャルワーカーはそのような人々に寄り添いながら今日まで活動してきた。ここまでの道は決して平坦なものではなかった。医療ソーシャルワーカーには，1953（昭和28）年の日本医療社会事業協会（現・日本医療社会福祉協会）発足当時から現在まで，ソーシャルワーカーが医療機関に専門職として定着するか，その存在意義は何かについて，常に危機感をもって問い続けた歴史がある。医療職でないばかりか，資格もなく，医療ソーシャルワーカーとしての業務を行った場合の診療報酬も得られない時代があった。そして，そんな状況にあってなお，患者や家族に真摯に寄り添ってきた結果，患者やほかの医療職種から必要とされることとなり，そのことが今日の医療ソーシャルワーカーを育ててきたといっていい。そして，現在でも，医療ソーシャルワーカーが医療機関において本来の機能を発揮する専門職として確立するまで，まだ道半ばにある。

第17章　医療ソーシャルワークの将来

1　地域包括ケアシステムと医療ソーシャルワーカーの役割

地域包括ケアシステムとその背景

　日本は，諸外国に例をみないスピードで高齢化が進行している。65歳以上の人口は，2016年現在3000万人を超えており（国民の約4人に1人），2042年に約3900万人でピークを迎え，その後も，75歳以上の人口割合は増加し続けることが予想されている。このような状況のなか，団塊の世代（約800万人）が75歳以上となる2025年以降は，国民の医療や介護の需要がさらに増加することが見込まれている。このため，厚生労働省においては，2025年を目途に，高齢者の尊厳の保持と自立生活の支援の目的のもとで可能な限り住み慣れた地域で，自分らしい暮らしを人生の最期まで続けることができるよう，地域の包括的な支援・サービス提供体制（地域包括ケアシステム）の構築を推進している。

地域包括ケアシステムとは

　地域包括ケアシステムとは，「ニーズに応じた住宅が提供されることを基本とした上で，生活上の安全・安心・健康を確保するために，医療や介護のみならず，福祉サービスを含めたさまざまな生活支援サービスが日常生活の場（日常生活圏域）で適切に提供できるような地域での体制」とし，その際，地域包括ケア圏域については，「おおむね30分以内に駆けつけられる圏域を理想的な圏域として定義し具体的には，中学校区を基本とすることとしてはどうか」と提案がされている。[1]

　「地域包括ケアシステム」とは，地域住民に対し，保健サービス（健康づくり），医療サービスおよび在宅ケア，リハビリテーション等の介護を含む福祉サービスを，関係者が連携，協力して，地域住民のニーズに応じて一体的，体系的に提供するしくみを指している。すなわち，ソフト（事業）面では，その地域にある保健・医療・介護・福祉の関係者が連携してサービスを提供するものであり，ハード（資源）面では，そのために必要な施設が整備され，地域の

207

第Ⅲ部　生活を支える医療ソーシャルワーク実践

保健・医療・介護・福祉の資源を統合して運営している。

　地域包括ケアシステムの5つの構成要素とは，住まい・医療・介護・予防・生活支援のサービスを指す。認知症高齢者や重度な要介護状態となっても住み慣れた地域で自分らしい暮らしを人生の最期まで続けることができるよう，都道府県や保険者である市町村が，地域の自主性や主体性にもとづいて，地域の特性に応じて一体的にサービスを提供する地域包括ケアシステムを作り上げている。

地域包括ケアシステムと医療ソーシャルワーカーの働き

　医療ソーシャルワーカーの職能団体である日本医療社会福祉協会は，医療ソーシャルワーカーの役割を保健医療機関において，社会福祉の立場から患者やその家族の抱える経済的・心理的・社会的問題の解決，調整を援助し，社会復帰の促進を図る業務を行っていると定義している。具体的には，①療養中の心理的・社会的問題の解決，調整援助，②退院援助，③社会復帰援助，④受診・受療援助，⑤経済的問題の解決，調整援助，⑥地域活動を行う，といった働きがあるとしている[2]。

　図17-1のイメージ図は，日本医療社会福祉協会のホームページに掲載しているものであるが，医療ソーシャルワーカーのミクロレベル，メゾレベル，マクロレベルの役割とその効果を示したものである。具体的には，患者家族へ直接かかわるミクロレベルの支援としての個別支援（ソーシャルケースワーク）。そして地域の関係機関に働きかけるメゾレベルでの他職種連携支援（ネットワーキング）。地域包括ケアシステムの主体である自治体に働きかけるマクロレベルの権利擁護支援（アドボカシー）がある。

　地域包括ケアシステムの「地域」とは中学校区のことを指していることから，その数は日本全国で1万か所を超える。したがって，地域包括支援システムのあり方も1万か所のそれぞれのかたちがあるといえよう。人口が密集し保健医療機関が充実しているベッドタウンもあれば，限界集落と呼ばれるような高齢化率が50％を超える過疎化した地域もある。また，地域包括支援システムを構

第17章　医療ソーシャルワークの将来

図17-1　地域包括ケアのなかでの医療ソーシャルワーカー（MSW）の役割と効果

出所：日本医療社会福祉協会（2016）「地域包括ケアの中での医療ソーシャルワーカー（MSW）の役割と効果」「業務説明イメージ図」を一部改変（http://www.jaswhs.or.jp/images/allofyou/03_l.jpg、2016.9.29）。

築する主体である市町村は合わせて1700を超える。「地域」と一括りにいっても市町村長の意識や担当職員の経験の有無，住民の地域に対する関心などその背景には違いがある。医療ソーシャルワーカーは，このような地域の実情に応じて柔軟な実践力が求められる。

　個別な事情を有するのは地域ばかりではない。医療ソーシャルワーカーが勤める医療機関のうち，病院は全国で8000か所を数え，しかも，民間病院が80％を超える。医療機関もまた，それぞれの経営理念や果たしてきた地域での役割や機能がある。要するに，地域包括支援システムとは，それぞれの地域が縦割りのなかでさまざまな個別事情を抱えながら独自に構築していくことになる。

地域包括ケアシステムと医療ソーシャルワーカーの課題

　では，医療ソーシャルワーカーの取り組むべき課題は何であろうか。ひとつは所属する医療機関の医療スタッフとのチーム連携である。地域包括ケアシス

第Ⅲ部　生活を支える医療ソーシャルワーク実践

テムにおいて，地域ケアの調整役を担うのは主に介護支援専門員（ケアマネジャー）である。それに対して，医療機関のなかで調整役を担うのは主に医療ソーシャルワーカーである。医療ソーシャルワーカーには，来院とともに変化する患者の容態や医療の対応，家族の状況といったさまざまな情報を集約・調整し，退院支援に向けた働きが求められる。

　2つ目は介護支援専門員との連携である。医療ソーシャルワーカーの勤める医療機関が属する地域には多くの中学校区があり，それぞれの中学校区には多くの介護支援専門員が活動している。その介護支援専門員と日頃から連携し，医療ソーシャルワーカーと介護支援専門員が患者や家族のニーズを中心にして日常的に情報交換し，関係づくりを行うことが重要である。医療機関とその地域はそれぞれの事情を抱えている。双方がともに事情を主張するだけであれば患者や家族が満足する退院支援は得られない。

　3つ目には，地域包括ケアシステムの対象とならない患者や家族への支援の充実である。地域包括ケアシステムが想定する支援の対象は高齢者である。しかし，医療ソーシャルワーカーの支援対象は高齢者だけではない。生まれながらに障がいをもった乳幼児，難病や不慮の事故による中途障がい者や生活困窮者といった患者や家族の支援は，時に高齢患者よりニーズが多岐にわたるにもかかわらず，介護支援専門員など地域の支援を受けるしくみが利用できない現状にある。医療ソーシャルワーカーは，要介護高齢者のみならず，生活支援を必要とする若年層の患者や家族の支援ネットワークを構築していく必要がある。

　4つ目は，積極的に地域に足を運び，医療ソーシャルワーカーと地域の人の顔が相互に見える関係をつくることである。病院組織において院外で活動する職種は多くない。地域の事情に応じた独自の地域包括ケアシステムを構築するためにも，医療ソーシャルワーカーが今後地域と連携していき，活動的なネットワーキングをすることが必要である。病院と病院，病院と地域をつなげるキーマンとして，実際に自分の足で関係機関の職員や地域住民と直接，顔を合わせ名刺交換することは大切である。情報交換や地域包括ケアシステムを構築するために行政が主催する会議や個別事例を検討する事例検討会，地域の交流

会や行事に出席することもひとつの方法である。

2 医療ソーシャルワーカーの将来

1967年，ケースワーク研究者として著名な H. パールマン（Perlman, H.）は「ケースワークは死んだ」という論文を発表し，当時の貧困問題に起因した数々の社会問題に対応できないケースワークのあり方に自己批判を行った。また，S. ブライヤー（Briar, S.）は，1968年に発表した「苦境に立つケースワーク」という論文のなかで，ケースワーカーが社会的地位を高めるにしたがって，対象者との間に社会的距離が拡大し，実状にそぐわない計画を立てたり，政策の実践を行っているとして痛烈な批判を行った。

わが国でも，現在は，業務の一部が診療報酬上に位置づけられ，社会福祉士や認定医療社会福祉士といった資格制度化を実現した医療ソーシャルワーカーは，質的・量的に専門職性を高めつつある。

医療政策や福祉政策のあり方に対して批判的であること

医療ソーシャルワーカーは，無批判に医療経営者や医療職の視点に立ってはならない。医療ソーシャルワーカーが依って立つところは，「福祉」の視点，「生活」の視点，「クライエント」の視点である。医療ソーシャルワーカーが福祉職として，患者家族の前で理解しにくい専門用語を用いたり，医療経営者の考え方を前提に患者や家族の支援を行うことは，医療ソーシャルワーカーの倫理綱領に照らして好ましいことではない。むしろ，療養にあって戸惑い悩む患者や家族の話に耳を傾け受容するものでなければならない。

とりわけ，患者や家族の権利を侵害するおそれがあるような状況を敏感に察知し，医療職と共有し，権利擁護を行うためには，患者や家族が自らの思いを主張し，医療スタッフと心置きなく対話できる場面を用意することが大切である。

第Ⅲ部　生活を支える医療ソーシャルワーク実践

社会の視点を忘れてはならない

　パールマンが当時の病理モデルや診断主義に陥ったケースワークを批判したのは，当時のケースワークがソーシャルな視点を見失い社会問題に対応できなかったという背景がある。ケースワークとはソーシャルケースワークであってソーシャルの視点を忘れたとき，ケースワークではなくなったというのである。同様に医療ソーシャルワーカーからソーシャルの視点が抜け落ちたとき，もはや，それはソーシャルワーカーではない。患者や家族の自己責任を問う前に，医療ソーシャルワーカーの専門職としての社会的責任，病院の社会的責任，地域の社会的責任が問われなければならない。ソーシャルワーカーとは文字どおり「社会に働きかける人々」のことである。

仕事の悩みをひとりで抱え込まない

　患者や家族の多くは私たちの経験や想像を超える苦労を体験する。そのような患者や家族の苦労に出会い共感しようとするとき，その痛みや苦悩を受けとめることは大変な作業である。また，患者や家族の権利を擁護する場面では，自分の所属する病院経営者や医療職との間に介入することでさまざまな緊張感や葛藤を経験する場面は多い。医療ソーシャルワーカーはそもそも個人と社会の接点に介入する仕事である。支援者として真摯に仕事に向き合えば板挟みのジレンマを経験するのは当然であり，そのジレンマへの対処の仕方は，ソーシャルワーカーとしての力量を高めるチャンスでもある。

　自分の力量でやれるところまでやってみる。そして，壁にぶつかったときは，先輩や同僚にいつでも相談できるということは大切である。ひとりで抱え込まないことである。自分では見えなくなっていることが，他者には見えていることがある。ソーシャルワーカーとして経験や力を身につけたとしても，必ずその経験や力を超えた事例がやってくる。それは新たな知識や技術，視点を身につけるチャンスであるといえる。自分で対処できることは限られている。だから，他者に頼る。相談する。日頃，患者や家族から頼られながら自分は困っても頼ることができないというのは，支援者として不誠実であろう。支援者は支

援されねばならない。支援された経験が支援する姿勢に力を与える。

注

(1) 地域包括ケア研究会（2009）「地域包括ケア研究会　報告書――今後の検討のための論点整理」(http://www.mhlw.go.jp/houdou/2009/05/dl/h0522-1_0001/pdf, 2016.8.9)。

(2) 日本医療社会福祉協会（2016）「医療ソーシャルワーカーとは」(http://www.jaswhs.or.jp/, 2016.8.16)。

参考文献

イアン・ファーガスン著／石倉康次・市井吉興訳（2012）『ソーシャルワークの復権――新自由主義への挑戦と社会正義の確立』クリエイツかもがわ。

黒川昭登（1985）『臨床ケースワークの基礎理論』誠信書房。

野口定久・ソーシャルワーク事例研究会編（2014）『ソーシャルワーク事例研究の理論と実際――個別援助から地域包括ケアシステムの構築へ』中央法規出版。

野中猛・野中ケアマネジメント研究会（2014）『多職種連携の技術――地域生活支援のための理論と実践』中央法規出版。

大橋謙策・白澤政和編（2014）『地域包括ケアの実践と展望――先進的地域の取り組みから学ぶ』中央法規出版。

読者のための参考図書

岸見一郎・古賀史健（2013）『嫌われる勇気――自己啓発の源流「アドラー」の教え』ダイヤモンド社。

　　――「人間の悩みは，すべて対人関係の悩みである」。そして，ソーシャルワーカーの仕事は対人関係の仕事である。人生，幸せ，自分と他者の関係を考える際の示唆に富む。続編『幸せになる勇気――自己啓発の源流「アドラー」の教えⅡ』とあわせて読むとよい。

宮本節子（2013）『ソーシャルワーカーという仕事』筑摩書房。

　　――ソーシャルワーカーがもっておきたい価値，姿勢，人間観が，事例を踏まえてわかりやすく書かれている。実践で迷ったときは何度でも読むことをお勧めする。

エピローグ

保健医療サービスの展望

　近年，国民の健康志向の高まりは，日々の食生活や運動習慣として，我々の生活に定着してきている。一方，経済の低迷とともに，経済格差や貧困の問題がクローズアップされてきている。また，社会全体の高齢化に伴う介護問題や疾病構造の変化は，従来の保健医療の方法だけでは対応しきれないような患者のニーズも生まれはじめている。

　公的年金だけでは，医療費の自己負担が支払えないことから，何の不安もなく医療を受けることがかなわないといった事例も報告されている。現在の我々の社会は，国民皆医療保険であっても，誰もが不安を抱いてしまうような状況に置かれている。

　さて，医療機関で活躍する医療ソーシャルワーカーは，地域連携室や医療福祉相談室に配属されている者が多いなか，2000（平成12）年の公的介護保険制度の成立に伴って，ケアマネジャーや地域包括支援センターのソーシャルワーカーといった新しい職場や職域が生まれた。また，近年では，スクールソーシャルワーカーといった学校を基盤とする職域も生まれている。これらは，「高齢者ケアや地域の権利擁護・教育分野」とのネットワーキングやコラボレーションを用いて複雑な問題を抱えたケースへの対応を行うことが任務ともなっていることから，特に，緊急性のある困難ケースに対しては，必要に応じたチームを組むシステムづくりと運用など，専門性の高いソーシャルワークが行われている。

　医療ソーシャルワーカーは，生活者である患者とその家族に寄り添い，医療

エピローグ　保健医療サービスの展望

スタッフでありながら社会福祉的視点から患者の療養を考えるアプローチ技法を用いる。医療の高度化，効率化，分業化が進んでいくなかで，ひとりの患者に対して，かかりつけ医，手術担当，術後管理担当，リハビリ担当，療養担当，退院支援担当と医療スタッフの担当者が変わることも珍しくない。これらの一連の流れのなかで，患者は，その都度，必要とする専門家と相談はできるようになっていることから，患者にとって治療や療法方法の選択肢は多くあるが，そうした多くの専門家から得られる情報を完全に理解することは，実は，不可能のようにさえ思われる。たとえば，インフォームドコンセントの意味からすると，本来は，患者の納得と満足が得られるところまで深化させた対応をしなくてはならない。そのため医療ソーシャルワーカーは「患者の立場に立ちきる姿勢」を貫く必要があり，医療チームの一員でありながら，患者の立場に立つ医療サービス提供者という視点を堅持しようと努力するのである。

学問としての理解

患者の立場に立ちきる姿勢は，医療ソーシャルワークの技術そのものであるが，学生は，その技術を支えるものとして，まず，「医療福祉学」をしっかりと身につけることが必要である。

医療福祉学は，医療と福祉の歴史的背景，医療ソーシャルワークが生成されてきた理由とその学説といった，いわゆる学問体系をもって存在する。また，医療福祉学は，社会科学の分野として，普遍性をもった独立したひとつの学問として存在している。患者とその家族の健康権を社会生活上で実現するための「哲学」や，真の「基本理念」を認識するためにも，学問的アプローチは必然の取り組みであるといえよう。

医療福祉学と医療ソーシャルワークは同義ではない。医療福祉学の本質認識のとらえ方は，現在のように，国民のすべてが医療保険を保持し，保険医療を受けることができることの制度を維持継続するためのモニタリングと，保険医療の守備範囲の拡大化について，社会科学的な論拠にもとづいて社会に対して方向性を示していくことである。また，社会構造の変化や医療の進歩に応じて，

「患者の最善の利益と権利擁護」を貫徹する理論を構築することであるとも考えられる。

　言い換えると，患者を軸とした医療制度では，治療費用の患者負担としての一部負担金を求めているが，障がいや疾病の種類によっては，自己負担を無料としており，その他，必要に応じて低額な費用で医療が受けられるしくみを，一般的な治療方法においては設けている。しかし，高度な技術を要する特殊な治療法や検査においては，すべての患者が最新の特殊な治療方法の恩恵を受けにくい状況も生まれてきている。移植治療や高額な薬剤を長期間使用する治療を希望する者にとっては，切実な困惑させられる問題といえる。こうしたことの背景やそれに伴う問題や課題，最新の知識や世界の医療経済の動向は変化するものだが，医療福祉学は社会を貫く普遍的理論を導き出し，社会の変化によってもブレないものでなければならないことから，患者の立場を擁護する徹底した論拠が必要となってくるのである。

医療における社会的課題

　この意味から導きだされるものとして，患者の権利の概念，医療が社会正義にもとづいて公平に受けられるしくみ，健康権を社会的課題としてとらえることなどは，人間にとっての普遍性を備えた理論として既に発見されている。間違った認識としては，患者が患者としての権利をもつことはけしからんとか，所得の格差により受診できる医療の質や量が異なることは仕方ない，公害や受動喫煙，不健康な食習慣による発病は個人の自己責任であるといった論調は，個人の努力不足や知識・能力不足が原因だとする理屈が見え隠れする。これに対して，社会的な理由により，個人の生活のしづらさが発生してくることを，医療ソーシャルワーカーは熟知している。

　医療福祉学の概念規定は，「医療問題の発生原因は，貧困・低所得と紙一重の生活において，疾病が生じることによるのであり，個人の所得・資産状態等に規定される[(1)]」こととして定義した場合，医療福祉学が対象とする医療問題は，「疾病によって引き起こされた生活問題などを社会的次元で解決する援助とし

エピローグ　保健医療サービスの展望

て『医療福祉』が必要となる[2]」とする研究対象が明らかにされている。したがって，医療福祉学では，疾病により引き起こされる差別，偏見，貧困，権利侵害を受けやすい弱い立場に置かれることをはじめ，人間関係の不和や混乱，それらにより発生する個人の落胆や失意，敵意や攻撃性といった心理的状況に陥るような影響を受けやすい情況に置かれることをもその研究対象としている。この社会的問題を明確に示し論証していくことが，医療福祉を「学問」として成立させ，専門研究分野として成立させることになる。このように，社会科学的な議論を踏まえた理論構築と，支援としての方法論（医療ソーシャルワーク），そしてこれらの医療福祉学史が，医療福祉学を構成している。

　そもそも，ケガや病気で働けなくなったり，学校へ通えなくなったとき，社会から排除されるのは，本人が病気をしたから仕方がないという「自己責任論的」な見方は，患者を社会的存在としてとらえていない証拠である。

　いま，改めて，「医療ソーシャルワーカーが医療機関に『なぜ』必要なのか」，「患者を診断と治療の対象として，疾患部分だけをみるのではなく，ひとりの生活者としてとらえる専門性とは何か」，こうした疑問について，患者や現場の医療ソーシャルワーカーや医療関係職，研究者や学生が考えることで，保健医療サービスの展望は，見出せるものと考えられる。

　本書では，保健医療福祉の第一線で研究や実践に取り組んでいる著者が，テキストとして必要な基礎理論をしっかりと踏まえつつも，随所に，「日本における医療ソーシャルワーカー」の真の姿を事例などで表現している。これから，医療ソーシャルワーカーを志すみなさんの成長に少しでも役立てることができればと願っている。

注
(1)　硯川眞旬編著（2002）『医療福祉学』みらい，18，を参照して筆者が書き換えを行った。
(2)　同上。

あ と が き

　保健医療分野のソーシャルワークは，本来，社会福祉制度によって受診，治療の機会を保障するという使命をもっている。しかし，今現在も，治療費がないことや，医療保険証を手にすることができずに悩む者，家族の病気を心配する者など，病気にまつわり苦しむ者は後を絶つことがない。

　今回『保健医療サービス』の編纂にあたり，杉本敏夫先生のご監修により，この分野をリードする先生方と共同で仕事ができたことに感謝を申し上げたい。また，児島美都子先生の門下で学んだわれわれ編者として，改めてこの分野の本質を振り返る機会となり，先達の文献研究の必要性を再確認させられたように思う。

　保健医療分野のソーシャルワーカーは，国家資格を基礎として活動しており，保健医療サービスの試験科目も国家試験19科目のひとつとなり，保健医療分野のソーシャルワーカーとしての社会的認知がすすむこととなった。本書の随所にも各執筆者が指摘しているように，地域を基盤とした総合的なソーシャルワークの分野として，ネットワーク形成とそれに伴う多職種連携は急速な発展をとげており，関連する研究報告も増加している。これからの医療ソーシャルワーカーは，医療機関における幹部としてその意思決定の中枢を担い，制度の監視役や生活者の抱える問題の代弁者として，また行政審議会や NPO 活動のリーダー役として，社会正義を貫いていくことになろう。

　本書は，初学者用であるものの，執筆した論客の鋭い視点が紙幅のなかにちりばめられている。医療福祉学の書としてもみなさんの論考を深める教材としていただければさらに幸甚である。

　2017年9月

編　者

付　録

医療ソーシャルワーカー業務指針

〔厚生労働省健康局長通知　平成14年11月29日健康発第1129001号〕

1 趣　旨

　少子・高齢化の進展，疾病構造の変化，一般的な国民生活水準の向上や意識の変化に伴い，国民の医療ニーズは高度化，多様化してきている。また，科学技術の進歩により，医療技術も，ますます高度化し，専門化してきている。このような医療をめぐる環境の変化を踏まえ，健康管理や健康増進から，疾病予防，治療，リハビリテーションに至る包括的，継続的医療の必要性が指摘されるとともに，高度化し，専門化する医療の中で患者や家族の不安感を除去する等心理的問題の解決を援助するサービスが求められている。

　近年においては，高齢者の自立支援をその理念として介護保険制度が創設され，制度の定着・普及が進められている。また，老人訪問看護サービスの制度化，在宅医療・訪問看護を医療保険のサービスと位置づける健康保険法の改正等や医療法改正による病床区分の見直し，病院施設の機能分化も行われた。さらに，民法の改正等による成年後見制度の見直しや社会福祉法における福祉サービス利用援助事業の創設に加え，平成15年度より障害者福祉制度が，支援費制度に移行するなどの動きの下，高齢者や精神障害者，難病患者等が，疾病をもちながらもできる限り地域や家庭において自立した生活を送るために，医療・保健・福祉のそれぞれのサービスが十分な連携の下に，総合的に提供されることが重要となってきている。また，児童虐待や配偶者からの暴力が社会問題となる中で，保健医療機関がこうしたケースに関わることも決してまれではなくなっている。

　このような状況の下，病院等の保健医療の場において，社会福祉の立場から患者のかかえる経済的，心理的・社会的問題の解決，調整を援助し，社会復帰の促進を図る医療ソーシャルワーカーの果たす役割に対する期待は，ますます大きくなってきている。

　しかしながら，医療ソーシャルワーカーは，近年，その業務の範囲が一定程度明確となったものの，一方で，患者や家族のニーズは多様化しており，医療ソーシャルワーカーは，このような期待に十分応えているとはいい難い。精神保健福祉士については，すでに精神保健福祉士法によって資格が法制化され，同法に基づき業務が行われているが，医療ソーシャルワーカー全体の業務の内容について規定したものではない。

　この業務指針は，このような実情に鑑み，医療ソーシャルワーカー全体の業務の範囲，方法等について指針を定め，資質の向上を図るとともに，医療ソーシャルワーカーが社会福祉学を基にした専門性を十分発揮し業務を適正に行うことができるよう，関係者の理解の促進に資することを目的とするものである。

　本指針は病院を始めとし，診療所，介護老人保健施設，精神障害者社会復帰施設，保健所，精神保健福祉センター等様々な保健医療機関に配置されている医療ソーシャルワーカーについて標準的業務を定めたものであるので，実際の業務を行うに当たっては，他の医療スタッフ等と連携し，それぞれの機関の特性や実情に応じた業務のウェート付けを行うべきことはもちろんであり，また，学生の実習への協力等指針に盛り込まれていない業務を行うことを妨げるものではない。

2 業務の範囲

　医療ソーシャルワーカーは，病院等において管理者の監督の下に次のような業務を行う。

(1) 療養中の心理的・社会的問題の解決，調整援助

　　入院，入院外を問わず，生活と傷病の状況から生ずる心理的・社会的問題の予防や早期の対応を行うため，社会福祉の専門的知識及び技術に基づき，これらの諸問題を予測し，患者やその家族からの相談に応じ，次のような解決，調整に必要な援助を行う。

① 受診や入院，在宅医療に伴う不安等の問題の解決を援助し，心理的に支援すること。

② 患者が安心して療養できるよう，多様な社会資源の活用を念頭に置いて，療養中の家事，育児，教育就労等の問題の解決を援

助すること。

③ 高齢者等の在宅療養環境を整備するため，在宅ケア諸サービス，介護保険給付等についての情報を整備し，関係機関，関係職種等との連携の下に患者の生活と傷病の状況に応じたサービスの活用を援助すること。

④ 傷病や療養に伴って生じる家族関係の葛藤や家族内の暴力に対応し，その緩和を図るなど家族関係の調整を援助すること。

⑤ 患者同士や職員との人間関係の調整を援助すること。

⑥ 学校，職場，近隣等地域での人間関係の調整を援助すること。

⑦ がん，エイズ，難病等傷病の受容が困難な場合に，その問題の解決を援助すること。

⑧ 患者の死による家族の精神的苦痛の軽減・克服，生活の再設計を援助すること。

⑨ 療養中の患者や家族の心理的・社会的問題の解決援助のために患者会，家族会等を育成，支援すること。

(2) 退院援助

生活と傷病や障害の状況から退院・退所に伴い生ずる心理的・社会的問題の予防や早期の対応を行うため，社会福祉の専門的知識及び技術に基づき，これらの諸問題を予測し，退院・退所後の選択肢を説明し，相談に応じ，次のような解決，調整に必要な援助を行う。

① 地域における在宅ケア諸サービス等についての情報を整備し，関係機関，関係職種等との連携の下に，退院・退所する患者の生活及び療養の場の確保について話し合いを行うとともに，傷病や障害の状況に応じたサービスの利用の方向性を検討し，これに基づいた援助を行うこと。

② 介護保険制度の利用が予想される場合，制度の説明を行い，その利用の支援を行うこと。また，この場合，介護支援専門員等と連携を図り，患者，家族の了解を得た上で入院中に訪問調査を依頼するなど，退院準備について関係者に相談・協議すること。

③ 退院・退所後においても引き続き必要な医療を受け，地域の中で生活をすることが

付　録　医療ソーシャルワーカー業務指針

できるよう，患者の多様なニーズを把握し，転院のための医療機関，退院・退所後の介護保険施設，社会福祉施設等利用可能な地域の社会資源の選定を援助すること。なお，その際には，患者の傷病・障害の状況に十分留意すること。

④ 転院，在宅医療等に伴う患者，家族の不安等の問題の解決を援助すること。

⑤ 住居の確保，傷病や障害に適した改修等住居問題の解決を援助すること。

(3) 社会復帰援助

退院・退所後において，社会復帰が円滑に進むように，社会福祉の専門的知識及び技術に基づき，次のような援助を行う。

① 患者の職場や学校と調整を行い，復職，復学を援助すること。

② 関係機関，関係職種との連携や訪問活動等により，社会復帰が円滑に進むように転院，退院・退所後の心理的・社会的問題の解決を援助すること。

(4) 受診・受療援助

入院，入院外を問わず，患者やその家族等に対する次のような受診，受療の援助を行う。

① 生活と傷病の状況に適切に対応した医療の受け方，病院・診療所の機能等の情報提供等を行うこと。

② 診断，治療を拒否するなど医師等の医療上の指導を受け入れない場合に，その理由となっている心理的・社会的問題について情報を収集し，問題の解決を援助すること。

③ 診断，治療内容に関する不安がある場合に，患者，家族の心理的・社会的状況を踏まえて，その理解を援助すること。

④ 心理的・社会的原因で症状の出る患者について情報を収集し，医師等へ提供するとともに，人間関係の調整，社会資源の活用等による問題の解決を援助すること。

⑤ 入退院・入退所の判定に関する委員会が設けられている場合には，これに参加し，経済的，心理的・社会的観点から必要な情報の提供を行うこと。

⑥ その他診療に参考となる情報を収集し，

223

医師，看護師等へ提供すること。

⑦　通所リハビリテーション等の支援，集団療法のためのアルコール依存症者の会等の育成，支援を行うこと。

(5)　経済的問題の解決，調整援助

入院，入院外を問わず，患者が医療費，生活費に困っている場合に，社会福祉，社会保険等の機関と連携を図りながら，福祉，保険等関係諸制度を活用できるように援助する。

(6)　地域活動

患者のニーズに合致したサービスが地域において提供されるよう，関係機関，関係職種等と連携し，地域の保健医療福祉システムづくりに次のような参画を行う。

①　他の保健医療機関，保健所，市町村等と連携して地域の患者会，家族会等を育成，支援すること。

②　他の保健医療機関，福祉関係機関等と連携し，保健・医療・福祉に係る地域のボランティアを育成，支援すること。

③　地域ケア会議等を通じて保健医療の場から患者の在宅ケアを支援し，地域ケアシステムづくりへ参画するなど，地域におけるネットワークづくりに貢献すること。

④　関係機関，関係職種等と連携し，高齢者，精神障害者等の在宅ケアや社会復帰について地域の理解を求め，普及を進めること。

3　業務の方法等

保健医療の場において患者やその家族を対象としてソーシャルワークを行う場合に採るべき方法・留意点は次のとおりである。

(1)　個別援助に係る業務の具体的展開

患者，家族への直接的な個別援助では，面接を重視するとともに，患者，家族との信頼関係を基盤としつつ，医療ソーシャルワーカーの認識やそれに基づく援助が患者，家族の意思を適切に反映するものであるかについて，継続的なアセスメントが必要である。

具体的展開としては，まず，患者，家族や他の保健医療スタッフ等から相談依頼を受理した後の初期の面接では，患者，家族の感情を率直に受け止め，信頼関係を形成するとともに，主訴等を聴取して問題を把握し，課題を整理・検討する。次に，患者及び家族から得た情報に，他の保健医療スタッフ等からの情報を加え，整理，分析して課題を明らかにする。援助の方向性や内容を検討した上で，援助の目標を設定し，課題の優先順位に応じて，援助の実施方法の選定や計画の作成を行う。援助の実施に際しては，面接やグループワークを通じた心理面での支援，社会資源に関する情報提供と活用の調整等の方法が用いられるが，その有効性について，絶えず確認を行い，有効な場合には，患者，家族と合意の上で終結の段階に入る。また，モニタリングの結果によっては，問題解決により適した援助の方法へ変更する。

(2)　患者の主体性の尊重

保健医療の場においては，患者が自らの健康を自らが守ろうとする主体性をもって予防や治療及び社会復帰に取り組むことが重要である。したがって，次の点に留意することが必要である。

①　業務に当たっては，傷病に加えて経済的，心理的・社会的問題を抱えた患者が，適切に判断ができるよう，患者の積極的な関わりの下，患者自身の状況把握や問題整理を援助し，解決方策の選択肢の提示等を行うこと。

②　問題解決のための代行等は，必要な場合に限るものとし，患者の自律性，主体性を尊重するようにすること。

(3)　プライバシーの保護

一般に，保健医療の場においては，患者の傷病に関する個人情報に係るので，プライバシーの保護は当然であり，医療ソーシャルワーカーは，社会的に求められる守秘義務を遵守し，高い倫理性を保持する必要がある。また，傷病に関する情報に加えて，経済的，心理的，社会的な個人情報にも係ること，また，援助のために患者以外の第三者との連絡調整等を行うことから，次の点に特に留意することが必要である。

① 個人情報の収集は援助に必要な範囲に限ること。

② 面接や電話は，独立した相談室で行う等第三者に内容が聞こえないようにすること。

③ 記録等は，個人情報を第三者が了解なく入手できないように保管すること。

④ 第三者との連絡調整を行うために本人の状況を説明する場合も含め，本人の了解なしに個人情報を漏らさないこと。

⑤ 第三者からの情報の収集自体がその第三者に患者の個人情報を把握させてしまうこともあるので十分留意すること。

⑥ 患者からの求めがあった場合には，できる限り患者についての情報を説明すること。ただし，医療に関する情報については，説明の可否を含め，医師の指示を受けること。

(4) 他の保健医療スタッフ及び地域の関係機関との連携

保健医療の場においては，患者に対し様々な職種の者が，病院内あるいは地域において，チームを組んで関わっており，また，患者の経済的，心理的・社会的問題と傷病の状況が密接に関連していることも多いので，医師の医学的判断を踏まえ，また，他の保健医療スタッフと常に連携を密にすることが重要である。したがって，次の点に留意が必要である。

① 他の保健医療スタッフからの依頼や情報により，医療ソーシャルワーカーが係るべきケースについて把握すること。

② 対象患者について，他の保健医療スタッフから必要な情報提供を受けると同時に，診療や看護，保健指導等に参考となる経済的，心理的・社会的側面の情報を提供する等相互に情報や意見の交換をすること。

③ ケース・カンファレンスや入退院・入退所の判定に関する委員会が設けられている場合にはこれへの参加等により，他の保健医療スタッフと共同で検討するとともに，保健医療状況についての一般的な理解を深めること。

④ 必要に応じ，他の保健医療スタッフと共同で業務を行うこと。

付　録　医療ソーシャルワーカー業務指針

⑤ 医療ソーシャルワーカーは，地域の社会資源との接点として，広範で多様なネットワークを構築し，地域の関係機関，関係職種，患者の家族，友人，患者会，家族会等と十分な連携・協力を図ること。

⑥ 地域の関係機関の提供しているサービスを十分把握し，患者に対し，医療，保健，福祉，教育，就労等のサービスが総合的に提供されるよう，また，必要に応じて新たな社会資源の開発が図られるよう，十分連携をとること。

⑦ ニーズに基づいたケア計画に沿って，様々なサービスを一体的・総合的に提供する支援方法として，近年，ケアマネジメントの手法が広く普及しているが，高齢者や精神障害者，難病患者等が，できる限り地域や家庭において自立した生活を送ることができるよう，地域においてケアマネジメントに携わる関係機関，関係職種等と十分に連携・協力を図りながら業務を行うこと。

(5) 受診・受療援助と医師の指示

医療ソーシャルワーカーが業務を行うに当たっては，(4)で述べたとおり，チームの一員として，医師の医学的判断を踏まえ，また，他の保健医療スタッフとの連携を密にすることが重要であるが，なかでも2の(4)に掲げる受診・受療援助は，医療と特に密接な関連があるので，医師の指示を受けて行うことが必要である。特に，次の点に留意が必要である。

① 医師からの指示により援助を行う場合はもとより，患者，家族から直接に受診・受療についての相談を受けた場合及び医療ソーシャルワーカーが自分で問題を発見した場合等も，医師に相談し，医師の指示を受けて援助を行うこと。

② 受診・受療援助の過程においても，適宜医師に報告し，指示を受けること。

③ 医師の指示を受けるに際して，必要に応じ，経済的，心理的・社会的観点から意見を述べること。

(6) 問題の予測と計画的対応

① 実際に問題が生じ，相談を受けてから業

225

務を開始するのではなく，社会福祉の専門
的知識及び技術を駆使して生活と傷病の状
況から生ずる問題を予測し，予防的，計画
的な対応を行うこと。
② 特に退院援助，社会復帰援助には時間を
要するものが多いので入院，受療開始ので
きるかぎり早い時期から問題を予測し，患
者の総合的なニーズを把握し，病院内ある
いは地域の関係機関，関係職種等との連携
の下に，具体的な目標を設定するなど，計
画的，継続的な対応を行うこと。
(7) 記録の作成等
① 問題点を明確にし，専門的援助を行うた
めに患者ごとに記録を作成すること。
② 記録をもとに医師等への報告，連絡を行
うとともに，必要に応じ，在宅ケア，社会
復帰の支援等のため，地域の関係機関，関
係職種等への情報提供を行うこと。その場
合，(3)で述べたとおり，プライバシーの保
護に十分留意する必要がある。
③ 記録をもとに，業務分析，業務評価を行
うこと。

4 その他

医療ソーシャルワーカーがその業務を適切に
果たすために次のような環境整備が望まれる。
(1) 組織上の位置付け
保健医療機関の規模等にもよるが，できれ
ば組織内に医療ソーシャルワークの部門を設
けることが望ましい。医療ソーシャルワーク
の部門を設けられない場合には，診療部，地
域医療部，保健指導部等他の保健医療スタッ
フと連携を採りやすい部門に位置付けること
が望ましい。事務部門に位置付ける場合にも，
診療部門等の諸会議のメンバーにする等日常
的に他の保健医療スタッフと連携を採れるよ
うな位置付けを行うこと。
(2) 患者，家族等からの理解
病院案内パンフレット，院内掲示等により
医療ソーシャルワーカーの存在，業務，利用
のしかた等について患者，家族等からの理解
を得るように努め，患者，家族が必要に応じ
安心して適切にサービスを利用できるように
すること。また，地域社会からも，医療ソー
シャルワーカーの存在，業務内容について理
解を得るよう努力すること。医療ソーシャル
ワーカーが十分に活用されるためには，相談
することのできる時間帯や場所等について患
者の利便性を考慮する，関連機関との密接な
連絡体制を整備する等の対応が必要である。
(3) 研修等
医療・保健・福祉をめぐる諸制度の変化，
諸科学の進歩に対応した業務の適正な遂行，
多様化する患者のニーズに的確に対応する観
点から，社会福祉等に関する専門的知識及び
技術の向上を図ること等を目的とする研修及
び調査，研究を行うこと。なお，3(3)プライ
バシーの保護に係る留意事項や一定の医学的
知識の習得についても配慮する必要があるこ
と。
また，経験年数や職責に応じた体系的な研
修を行うことにより，効率的に資質の向上を
図るよう努めることが必要である。

さくいん

あ

IPE 67

IPW 65

浅賀ふさ 87,101

アルモナー（almoner） 98

医師の指示 84,175

泉橋慈善病院 100

医薬分業 38

医療 94

医療機関 50

医療行為 175

医療サービス 1

医療社会事業 88

医療専門職 60

医療ソーシャルワーカー 3,67,77,94,98, 118,214

医療ソーシャルワーカー業務指針 91,93, 111,137,160,177,182

医療ソーシャルワーク 84,85,97,215

医療提供施設 57

医療福祉 93

医療扶助 184

医療法 50,57

医療保険 11

医療保障 8,11,186

インフォームドコンセント 76,77,138

VBP 67

エコシステム 113

エビデンスに基づく実践（EBP） 67

エンパワメント 176

王室施療病院（ロイヤルフリーホスピタル） 98

か

介護支援専門員（ケアマネジャー） 24,210

介護福祉士 60

介護報酬 26

介護保険 51

介護保険施設 59

介護保険制度 23

介護療養型医療施設 60

介護療養病床 58

介護老人福祉施設 59

介護老人保健施設 59

介入（intervention） 128

過労死 172

キャノン，アイダ（Cannon, Ida） 100

キャボット，R.C.（Cabot, R.C.） 84,99

キュア 47,49,65

QOL（生活の質） 55,65

キューブラー＝ロス，E.（Kübler-Ross, E.） 139

クライエント 106,160

グリーフ 140

クリティカルパス 40,68

ケア 47-49,65

ケアリング 48,49

現金給付 20

現物給付 20

権利侵害 74

権利擁護 75

高額療養費 20

後期高齢者医療制度 16,20

後見 78

公費負担医療 187

公費負担医療制度 21

国際ソーシャルワーカー連盟（IFSW） 110

国民医療費 12,148

国民皆保険 51

国民健康保険 19

児島美都子　88,101
国庫補助　17
混合診療　189
コンサルテーション　134
コンピテンシー　120

さ

済生会本部病院　101
在宅医療　149
GHQ　88,90,102
COS（慈善組織化協会）　98
ジェネラリスト・ソーシャルワーカー　121
ジェネラリスト・ソーシャルワーク　105
実習指導者講習会　122
ジャーメイン，C.（Germain, C.）　90,160,
　　165
社会資源　84,90
社会的入院　22,149
社会福祉及び介護福祉士法　3,118
社会福祉士　39,41,60,120
社会福祉専門職　60,117
社会扶助　11
社会復帰援助　159
社会保障　8
終末期医療　150
障がい受容　139
職能団体　123
所得保障　187
診断群別包括支払い制度　35
診療報酬　28,30,38
スーパーバイザー　131
スーパーバイジー　131
スーパービジョン　122,131
スチュアート，メアリー（Stewart, Mary）
　　98
ストレングス　176
生活習慣　171
生活の質→QOL
生活保護制度　184
生活モデル　160,176

精神科医療ソーシャルワーカー　103
精神保健福祉士　43,60
成年後見制度　78
聖路加国際病院　101
セカンドオピニオン　75
説明責任　76
ソーシャルアクション　197,198
ソーシャルサポートネットワーク　130
ソーシャルワーカー　64

た

退院援助　153
退院支援　40
退院支援加算　40,42
退院支援計画　153
退院調整加算　42
多職種連携　65,201
WHO　88,92
地域医療構想　54
地域ケア会議　71
地域組織化　198
地域包括ケア　118
地域包括ケアシステム　52,70,130,199,207
出来高払い　34
特定保険医療材料　30

な

中島さつき　88,98,99
生江孝之　101
日常生活動作（ADL）　148
日本医療社会事業協会　102
日本医療社会福祉協会　110,123,208
認定社会福祉士　122
ネットワーキング　129,130
ネットワーク　52
ノーマライゼーション　47,51

は

バートレット，H. M.（Bartlette, H. M.）　106
パールマン，H.（Perlman, H.）　211

さくいん

バイスティックの7原則　*108*
パターナリズム　*176*
被用者保険　*15,19*
病診連携　*196*
ピンカスとミナハン　*106*
附加給付　*21*
復職支援　*162*
ブトゥリム，Z. T.（Butrym, Z. T.）　*107*
プライマリ・ケア　*175*
フリーアクセス　*17*
平均在院日数　*149*
ベックマン・グェンドリン（Beckman, G.）
　92
ヘルスケア　*2,46,195*
包括払い　*35*
保険医療機関　*28*
保健医療サービス　*1,2,46,64,85,120*
保健所における医療社会事業の業務指針
　90,92
保佐　*78*
補助　*78*

ま ───────────────
マクロシステム　*113*
マサチューセッツ総合病院（マサチューセッ
　ツ・ゼネラル・ホスピタル）　*99*
ミクロシステム　*113*
メゾシステム　*113*
燃え尽き症候群（バーンアウト）　*131*

や ───────────────
薬価基準　*30,33*
要介護認定　*24*

ら ───────────────
ライフイベント　*138*
リカレント教育　*124*
リッチモンド，メアリー（Richmond, M.）
　85
療養病床　*57*
倫理綱領　*110*
ロック，チャールズ（Loch, Charles）　*98*

229

執筆者紹介 （執筆順，＊印は編者）

＊中島　裕（プロローグ，第7章）

現在，関西福祉科学大学社会福祉学部准教授。
主著：『福祉実践の未来を拓く』（共編著）中央法規出版，2008年。『相談援助実習ハンドブック』（共著）ミネルヴァ書房，2014年。

吉田　初恵（第1章第1，2節）

現在，関西福祉科学大学社会福祉学部教授。
主著：『経営診断の新展開』（共著）同友館，2015年。『わかる・みえる社会保障論』（共著）みらい，2016年。

渡鍋　宏史（第1章第3，4節，第2章第2節）

現在，医療法人なぎさ会グループホーム白馬施設長。

福岡　功二（第2章第1節）

現在，医療法人白卯会白井病院事務局医療課課長。

守本とも子（第3章）

現在，奈良学園大学保健医療学部教授。
主著：『新・QOLを高める専門看護，介護を考える』（共編著）中央法規出版，2009年。『看護職をめざす人の社会保障と社会福祉』（編）みらい，2015年。

松岡　千代（第4章）

現在，佛教大学保健医療技術学部教授。
主著：『よくわかる医療福祉』（共著）ミネルヴァ書房，2010年。『（系統看護学講座専門分野）老年看護学』（共著）医学書院，2014年。

＊坂本　雅俊（第5章，第6章，エピローグ）

現在，長崎国際大学人間社会学部教授。
主著：『社会福祉方法論の新展開』（共著）中央法規出版，1998年。『高齢者福祉論』（共著）ミネルヴァ書房，2015年。

村上　信（第8章）

現在，淑徳大学総合福祉学部教授。
主著：『はじめての相談援助実習』（共著）ミネルヴァ書房，2015年。『保健医療ソーシャルワークの基礎』（共著）相川書房，2015年。

竹中麻由美（第9章）

現在，川崎医療福祉大学准教授。
主著：『保健医療サービス（改訂版）』（共著）学文社，2015年。『多面的視点からのソーシャルワークを考える』（共編著）晃洋書房，2016年。

片岡　靖子（第10章）

現在，久留米大学文学部准教授。
主著：『社会福祉方法論の新展開』（共著）中央法規出版，1998年。『コメディカルのための社会福祉概論（第3版）』（共著）講談社，2016年。

大野まどか（第11章）

現在，大阪人間科学大学社会福祉学科教授。
主著：『事例中心で学ぶ相談援助演習』（共編著）みらい，2010年。『保健医療サービス（改訂版）』（共著）学文社，2015年。

馬場　保子（第12章，第14章）

現在，活水女子大学看護学部講師。

和田　光徳（第13章）

現在，兵庫大学生涯福祉学部教授。
主著：『新・医療福祉学概論』（共著）川島書店，2010年。『医療ソーシャルワーカーの力』（共著）医学書院，2012年。

中島　誠司（第15章）

現在，日本赤十字社長崎原爆病院医療社会事業課。

小方　優子（第16章）

現在，医療法人厚生会虹が丘病院地域医療連携室医療ソーシャルワーカー。

島影　俊英（第17章）

現在，四国学院大学社会福祉学部教授。
主著：『ソーシャルワーク』（共著）中央法規出版，2002年。『障害臨床学ハンドブック（第2版）』（共著）ナカニシヤ出版，2013年。

＜監修者紹介＞

杉本　敏夫（すぎもと・としお）

1976年　同志社大学大学院文学研究科修士課程社会福祉学専攻修了。
現　在　関西福祉科学大学名誉教授。
主　著　『新社会福祉方法原論』（共著）ミネルヴァ書房，1996年。
　　　　『高齢者福祉とソーシャルワーク』（監訳）晃洋書房，2012年。
　　　　『社会福祉概論（第4版）』（共編著）勁草書房，2016年。

新・はじめて学ぶ社会福祉⑤
保健医療サービス

2017年11月20日　初版第1刷発行　　　　　　〈検印省略〉

定価はカバーに
表示しています

監 修 者	杉 本 敏 夫
編 著 者	中 島 裕 俊 坂 本 雅 俊
発 行 者	杉 田 啓 三
印 刷 者	坂 本 喜 杏

発行所　株式会社　ミネルヴァ書房
607-8494　京都市山科区日ノ岡堤谷町1
電話代表　（075）581-5191
振替口座　01020-0-8076

Ⓒ中島・坂本ほか，2017　冨山房インターナショナル・藤沢製本

ISBN 978-4-623-07835-6

Printed in Japan

——— 新・はじめて学ぶ社会福祉 ———

〈杉本敏夫　監修〉

①高齢者福祉論

杉本敏夫・家髙将明　編著
Ａ５判／本体2400円

②児童家庭福祉論

立花直樹・波田埜英治　編著
Ａ５判／本体2400円

③障害者福祉論

杉本敏夫・柿木志津江　編著
Ａ５判／本体2400円

④社会福祉概論

立花直樹・波田埜英治　編著
Ａ５判／本体2400円

——— ミネルヴァ書房 ———

http://www.minervashobo.co.jp/